Pierre Bourdieu
Die verborgenen Mechanismen der Macht

Pierre Bourdieu (1930-2002) war Professor für Soziologie am Collège de France in Paris.

Seine wichtigsten Arbeiten: »Die feinen Unterschiede« (Frankfurt a.M. 1982), »Homo academicus« (Frankfurt a.M. 1988), »Das Elend der Welt« (Konstanz 1997), »Die Regeln der Kunst« (Frankfurt a.M. 1999), »Der Staatsadel« (Konstanz 2004).

Im VSA: Verlag erschienen:

»Die Intellektuellen und die Macht« (herausgegeben von Irene Dölling, Hamburg 1991), »Der Tote packt den Lebenden« (Schriften zu Politik & Kultur 2, Neuausgabe, Hamburg 2011), »Der Einzige und sein Eigenheim« (Schriften zu Politik & Kultur 3, Erweiterte Neuausgabe, Hamburg 2002), »Wie die Kultur zum Bauern kommt« (Schriften zu Politik & Kultur 4, Hamburg 2001), »Unverbesserlicher Optimist« (Schriften zu Politik & Kultur 5, Hamburg 2012), »Interventionen 1961-2001« (Band 1-4, Hamburg 2003-2004).

Margareta Steinrücke, geb. 1953, war Referentin für Frauenforschung an der Arbeitnehmerkammer Bremen mit den Forschungsschwerpunkten Geschlechterforschung und Soziale Ungleichheiten. Zusammen mit Petra Frerichs führte sie eine theoretisch und methodisch an Pierre Bourdieus Untersuchungen zu den »Feinen Unterschieden« und zur männlichen Herrschaft orientierte empirische Untersuchung zum Verhältnis von Klasse und Geschlecht durch (P. Frerichs/M. Steinrücke: Klasse und Geschlecht, in dies. [Hrsg.]: Klasse, Geschlecht, Kultur, Berichte des ISO 54, Köln 1997). Sie ist Herausgeberin der »Schriften zu Politik & Kultur« von Pierre Bourdieu bei VSA sowie des Bandes »Pierre Bourdieu. Politisches Forschen, Denken und Eingreifen« (Hamburg 2004).

Pierre Bourdieu

Die verborgenen Mechanismen der Macht

Schriften zu Politik & Kultur 1

Herausgegeben von Margareta Steinrücke

Aus dem Französischen von Jürgen Bolder unter Mitarbeit von Ulrike Nordmann u.a.

VSA: Verlag Hamburg

www.vsa-verlag.de

St. Georgs Kirchhof 6, 20099 Hamburg

Druck und Buchbindearbeiten: CPI books GmbH, Leck
ISBN 978-3-89965-687-9

Inhalt

Vorwort

Mit dieser Sammlung von Interviews, Artikeln, Vorschlägen und einem Brief – zu einem guten Teil politischen Inhalts – soll versucht werden, eine Einführung in das sehr umfangreiche und z.T. schwer zugängliche Werk Pierre Bourdieus zu geben, die auch für Nicht-WissenschaftlerInnen geeignet ist. Bourdieus Maxime folgend, »die Soziologie wäre nicht eine Stunde Mühe wert, wenn sie ein für Experten reserviertes Wissen von Experten wäre,[1] werden hier durch das gesprochene Wort und aktuell-politische Bezüge anschaulicher und weniger hermetisch als in der wissenschaftlichen Schriftform Grundkonzepte seiner Theorie wie »Kapital«, »Habitus«, »Feld«, »sozialer Raum«, »Distinktion«, »symbolische Gewalt« erläutert.

In jeweils einem Interview zu wesentlichen seiner Hauptarbeiten werden deren zentrale Ergebnisse entfaltet. So (»Politik, Bildung und Sprache«) aus den frühen Arbeiten zum Bildungssystem[2] der bereits durch die familiale Sozialisation vermitteltete ungleiche Zugang der verschiedenen Klassen zum Bildungssystem, die ständig wachsende Bedeutung des Bildungssystems für die Reproduktion und Legitimierung sozialer Ungleichheit sowie die »Inflation der Titel«, deren Folgen zumal für die Kinder aus den unteren Klassen, die nicht über das nötige »soziale Kapital« (»Ökonomisches Kapital, kulturelles Kapital, soziales Kapital«), die Beziehungen zur Verwertung ihrer schulischen Abschlüsse verfügen, Enttäuschung, Lustlosigkeit, unter bestimmten Bedingungen aber auch Protest (»Brief an die Oberschüler von Mureaux) sind. »Die feinen Unterschiede«[3] werden erklärt mit der Klassengebundenheit von Geschmack und Lebensstil, dem Beitrag von Kultur zur Reproduktion von Herrschaft und der »Distinktion«, dem Sich abgrenzen, Sich absetzen vom Verbreiteten und Gewöhnlichen, als der Form des alltäglichen Klassenkampfes auf der Ebene der Kultur.

All die Formen subtiler Machtausübung, »symbolischer Gewalt«, die vor allem durch die Sprache,[4] aber auch nur mithilfe der sozial geformten Körper (der Habitus) und deren praktischer Komplizenschaft, funktionieren, sind Gegenstand des nächsten Interviews ebenso wie die Aufgabe der Soziologie, diese »verborgenen Mechanismen der Macht« aufzudecken und zu entschleiern und damit den von diesen Beherrschten Mittel an die Hand zu geben (sprachliche Wachsamkeit, Sprachkritik), sich gegen die symbolische Gewalt zur Wehr zu setzen.

Mit den »nackten Königen«, den Intellektuellen des universitären Bereichs,[5] wird exemplarisch an einer Gruppe, die sich traditionell für von sozialen Bedingtheiten frei und ungebunden hält, die Abhängigkeit der Stellungnahmen (seien sie wissenschaftlicher, politischer oder geschmacklicher Natur) von der sozialen Stellung (im sozialen Raum als ganzem und vor allem im jeweiligen Feld, hier dem universitären Feld, mit seinen spezifischen Einsätzen, Regeln, Gewinnen, seiner besonderen Geschichte) aufgewiesen.

Der wachsende Einfluss erfahrungsarmer, technokratischer Intellektueller (des an den wirtschafts- und verwaltungswissenschaftlichen Elitehochschulen herangezogenen »Staatsadels«[6]), deren unheilige Allianz mit den an Sensation, Eingänglichkeit und Verkäuflichkeit orientierten Massenmedien und die damit in Zusammenhang stehende Krise der Politik und der Politiker, die sich nur noch um ihre feldinternen Rivalitäten und möglichst medienwirksame Auftritte, nicht aber um die wirklichen Probleme ihrer Klientel kümmern, sind Gegenstand weiterer Interviews (»Was anfangen mit der Soziologie?«, »Die gesunde Wut eines Soziologen«).

Zudem erhält man einen Einblick in laufende Untersuchungen Bourdieus über die individualisierenden Folgen der gegenwärtigen am *Wohneigentum* orientierten Wohnungsbaupolitik[7] und über das *soziale Leiden*[8] in seinen vielfältigen Erscheinungsformen (Kriminalität, Drogenabhängigkeit, Gewalt in den Vorstädten, Ausländerhass, Ratlosigkeit und Ohnmacht der Sozialarbeiter und Lehrer ...), beides Ausfluss einer *liberalistischen* Politik der »Rückkehr zum Individuum« und des Abbaus des Sozialstaates.

Alle Beiträge zeigen in irgendeiner Form die eminent politische Ausrichtung in Bourdieus Theorie. Entgegen immer wieder erhobenen Vorwürfen, seine Theorie sei deterministisch, lasse keine Veränderungen zu und führe daher zu politischem Fatalismus, plädiert Bourdieu dafür, dass die Intellektuellen politisch eingreifen, sich zu Wort melden (und tut das, anders als manche seiner politisch recht schweigsamen intellektuellen Kritiker, auch selbst). Allerdings sollen sie das auf der Grundlage wirklicher *Kompetenz* (arbeitsteilig-kollektiv organisiert müssten sich zu einem bestimmten Problem jeweils die auf diesem Gebiet Kompetentesten äußern) und auf der Grundlage wirklicher *Autonomie.*

Unabhängigkeit und Respektlosigkeit gegenüber jeglicher Macht, sei es die von Geldgebern, die von Bürokratien oder politischen Organisationen oder die der Massenmedien, sind Bedingungen einer *kritischen Gegenmacht* (»Keine wirkliche Demokratie ohne wahre kritische Gegenmacht«), deren wesentlicher Bestandteil Intellektuelle zu sein hätten.

Ihr Beitrag zur Entwicklung einer solchen kritischen Gegenmacht bestünde in der *Aufdeckung* der »verborgenen Mechanismen der Macht« und der Bereitstellung von Waffen gegen die so ausgeübte symbolische Gewalt an die ihr Unterworfenen, bestünde aber auch in der *Sozio-Analyse,* der Aufdeckung der sozialen Genese der Verhältnisse und des Verhaltens, der Institutionen und der Habitus, in der Aufdeckung der sozialen Gesetze der Wahrscheinlichkeit als Bedingung dafür, diese außer Kraft zu setzen; und bestünde nicht zuletzt darin, das Implizite aufzudecken, dem Reichtum an Erfahrung zum Ausdruck zu verhelfen, der allenthalben existiert, aber keine Sprache hat. Überhaupt sollte die Rolle der Intellektuellen darin bestehen, Vorschläge zu machen statt Vorschriften, Deutungen zu liefern, statt ewige Wahrheiten zu verkünden, Anstöße zu geben, statt stellvertretend zu handeln.

Analoges schlägt Bourdieu den Politikern vor, wenn er ihnen empfiehlt, anstelle der Rolle des Stellvertreters oder des Sozialingenieurs die Rolle eines *Sozialgärtners* anzunehmen, der »wohlplazierte kleine Anstöße« (»Universität: Die Könige sind nackt«) zum selber Handeln gibt.

Insgesamt durchzieht Bourdieus politische Aussagen und Vorschläge ein Plädoyer für eine *Politik der Autonomie:* Gegen die Enteignung der politischen Laien durch die Politprofis plädiert er für die Wiederaneignung der politischen Kompetenz durch die Einzelnen, wenn nötig vermittels einer »Befreiung von den Befreiern« (»Die gesunde Wut eines Soziologen«); gegen die Enteignung von den eigenen Erfahrungen und der eigenen Sprache plädiert er dafür, jede/r solle *ihre/seine* eigenen Erfahrungen in *ihrer/seiner* eigenen Sprache zum Ausdruck bringen, jede/r solle *ihre/sein eigene/r SprecherIn* werden statt sich durch andere, Stellvertreter, sprechen zu lassen. Und gegen alle erfahrungsarmen technokratischen Global-Programme und Global-Politiken plädiert er für das Recht des Besonderen, das genaue Studium der konkreten Probleme, für »eine Art *rationaler Kasuistik*, welche die Aufmerksamkeit für den Einzelfall mit einer Kenntnis der allgemeinen Funktionsgesetze der verschiedenen betreffenden Bereiche ...« verbindet (»Universität: Die Könige sind nackt«).

Allerdings ist Bourdieus Plädoyer für eine Politik der Autonomie und für entsprechende *neue Politikformen* (»Was anfangen mit der Soziologie?«, »Die gesunde Wut eines Soziologen«) nicht einfach ein frommer, anarchistisch angehauchter Wunsch, sondern gründet zum einen auf dem ganz materialistisch konstatierten Wachstum von kulturellem Kapital im Gefolge der Bildungsexpansion, das mehr und mehr Menschen sowohl mit der Fähigkeit (Sachkompetenz) als auch dem Anspruch (Statuskompetenz) ausgestattet hat, selber zu urteilen und zu handeln, damit sich selbst zu vertreten, statt sich vertreten zu lassen.

Zum anderen plädiert Bourdieu für eine »Realpolitik« (»Für traumatisierte Akademiker«) der Autonomie und der Vernunft. Gerade die ganze Kenntnis der Zählebigkeit der Institutionen, der Trägheit der Habitus, der permanenten Konkurrenzkämpfe im Inneren der Felder, also die Kenntnis all der äußeren und inneren Widerstände gegen Veränderungen in Richtung auf mehr Autonomie und mehr Vernunft, lässt ihn (beispielhaft in den »Vorschlägen zur Reform des Bildungswesens«) für eine Politik plädieren, die statt auf ohnmächtig bleibende moralische Appelle oder auf über kurz oder lang sich wieder umkehrende voluntaristische Formen des Umsturzes auf den *Umbau zentraler Institutionen* (wie der Schule) des Alltags setzt und auf die damit mögliche *Ausbildung veränderter Dispositionen.*

Margareta Steinrücke

Anmerkungen

[1] Bourdieu, Pierre, 1980: Questions de Sociologie, Editions de Minuit, Paris, S. 7.

[2] Bourdieu, Pierre/Passeron, Jean-Claude, 1971: Die Illusion der Chancengleichheit, Klett, Stuttgart.

[3] Bourdieu, Pierre, 1982: Die feinen Unterschiede, Suhrkamp, Frankfurt a.M.

[4] Bourdieu, Pierre, 1990: Was heißt sprechen? Braumüller, Wien.

[5] Bourdieu, Pierre 1988: Homo academicus, Suhrkamp, Frankfurt a.M.

[6] Bourdieu, Pierre, 1989: La Noblesse d'Etat, Editions de Minuit, Paris (Der Staatsadel, UVK, Konstanz 2004)

[7] Actes de la recherche en sciences sociales, Nr. 81/82, März 1990: L'économie de la maison, Paris.

[8] Actes de la recherche en sciences sociales, Nr. 90, Dezember 1991: La souffrance, Paris.

Politik, Bildung und Sprache

Erstaunlicherweise begegnet man in der politischen Öffentlichkeit einer Arbeitsteilung, die jener ähnlich ist, die wir auch in der darstellenden Kunst und Literatur beobachten. In der Politik ist diese Arbeitsteilung lediglich besser versteckt. Ohne viel darüber nachzudenken, akzeptiert man in der Politik wie auch anderswo die Trennung der Menschen in solche, die kompetent sind, und solche, die inkompetent sind – eine Trennung von Laien und Professionellen. Zu den Letztgenannten zähle ich natürlich »die Politiker«, Journalisten und im weiteren Sinne auch die Intellektuellen, die allesamt ein Monopol darauf haben, die politische Diskussion zu führen und zu bestimmen, was als politisches Problem zu gelten hat.

Ich denke, dass es darauf ankommt, immer wieder die Legitimität dieser politischen Enteignung der Laien und dieser Übertragung von Macht an Experten anzuzweifeln. Dabei muss mitgedacht werden, dass Enteignung und Übertragung sich gegenseitig ergänzen.

Ist die politische Sprache also eine elitäre Sprache, eine Sprache nur für Eingeweihte?

So wie es eine Welt der Kunst gibt, so gibt es eine Welt der Politik mit einer eigenen Logik und Geschichte. Diese Welt der Politik beansprucht für sich eine relative Autonomie mit eigenen Problemdefinitionen, eigener Sprache und ganz spezifischen Interessen. Damit ist das bezeichnet, was ich in meiner Terminologie ein *Feld* (un champs) oder einen Handlungsraum nenne. Um darin mitspielen zu können, muss man eine bestimmte Sprache beherrschen und über eine bestimmte Kultur verfügen ...

Gilt, was Sie über die Politiker gesagt haben, nicht auch für den Intellektuellen oder vielmehr für einige Kategorien von Intellektuellen ...?

Die Intellektuellen haben alle Anteil an diesem Monopol auf Meinungsäußerung. Es kann jedoch vorkommen, dass Intellektuelle, wie z.B. berufsmäßige Soziologen, dieses Vorrecht dafür zu nutzen versuchen – ich sage bewusst versuchen –, um jenen das Wort zu geben, die ansonsten sprachlos bleiben. Das bringt sie übrigens in den Augen der anderen Intellektuellen in den Verdacht, platt und unreflektiert zu sein. Was diejenigen angeht, die zu den »Neuen Philosophen« gezählt werden, so denke ich, dass sie sich entsprechend dem augenblicklichen Zeitgeschmack dem Bild des herkömmlichen Intellektuellen anpassen. Tatsächlich aber stehen die Intellektuellen heute vor einer in der Geschichte zweifellos einzigartigen Herausforderung: Um sich zu rechtfertigen, beruft sich die herrschende Klasse auf eine ihr eigene fachliche Kompetenz und manchmal sogar auf eine entsprechende Wissenschaftlichkeit; sie rühmt sich sogar einer ihr eigenen »Begabung« ...

So erklärt sich auch das etwas triumphierende und zugleich naiv-kindliche Verhalten des Technokraten: Er bleibt stumm und blind gegenüber seiner Umwelt. Er herrscht und verwaltet stur nach den ökonomischen Handbüchern, die er manchmal auch noch selbst geschrieben hat. Seine ganze politische Philosophie enthüllt sich in der Art und Weise, wie er Informationen über ökonomische Prozesse weitergibt: Das sind Informationen, die die Laien zu kennen haben, damit sie die ökonomischen Entscheidungen und Prognosen der Sachverständigen verstehen und so auch akzeptieren können. Das sind also die Gegner, mit denen die herkömmlichen Intellektuellen, und insbesondere die Philosophen, im Streit stehen um das Monopol, symbolische Darstellungen der sozialen Wirklichkeit zu formulieren.

Kann man also sagen, dass jener Intellektuelle, der »Bescheid wusste«, der Kultur hatte und der die Schlüssel der Erkenntnis in der Hand hielt oder dem zumindest Derartiges unterstellt wurde, abgelöst wird von einem »praktischen Intellektuellen«, der der Lebenspraxis nähersteht …?

Ja, die herkömmlichen Intellektuellen sollten auch mit jenem neuen Typus von Intellektuellen rechnen, die ich als Experten, als Intellektuelle für irgendwelche Dienstleistungen bezeichnen würde. Diese sind eher Meister des Handelns als Meister der Reflexion, und sie geben vor, die »politische Wissenschaft«, das heißt die Wissenschaft von der Politik, zu beherrschen. Früher konnte man eine Trennungslinie ziehen zwischen dem »Künstler« (oder dem »Intellektuellen«) und dem »Bürger«. Statt dieses deutlichen Gegensatzes haben wir heute einen gleitenden Übergang von den Generaldirektoren – die, wie die Statistik zeigt, immer häufiger über ein Diplom verfügen – und den hohen Staatsbeamten bis zu den so genannten »freien Berufen«. Daneben gibt es noch die Experten, die in öffentlichen oder in privaten Diensten stehen und in ihrer materiellen Existenz von öffentlichen oder privaten Arbeitsverträgen abhängen. So ist es gekommen, dass den »reinen Intellektuellen« nichts bleibt als die großen Prophezeiungen, die sich allerdings im Zeitalter der Massenmedien bereits erfüllen. Das heißt, die große moralische Geste des Intellektuellen gerät ins Lächerliche und häufig genug nimmt sie verbitterte Züge an.

Man hat den Soziologen oft vorgeworfen, sie sähen die Dinge zu pessimistisch. Meinen Sie, dass Soziologen nichts anderes tun sollten, als das zu beschreiben, was ist?

Es würde mir leicht fallen, zu antworten, dass die Kenntnis der Regelhaftigkeit gesellschaftlicher Strukturen (die auf der politischen Rechten gerne »naturgegebene Trägheit der sozialen Verhältnisse« genannt werden, um damit eigene Untätigkeit oder politisches Unvermögen zu rechtfertigen) unabdingbar ist, um diese Strukturen verändern zu können. Die Wahrscheinlichkeit einer Handlung oder eines Phänomens zu kennen, kann auch heißen, die Chancen jener Aktionen zu vergrößern, die darauf abzielen, die Realisierung eben dieses Phänomens zu verhindern. Aber das ist nicht alles. Viele soziale Mechanismen sind nur deshalb so wirksam, weil sie verkannt und unterschätzt werden. Das ist zum Beispiel bei den »Mechanismen« der Fall, die die Kinder aus denjenigen Familien, die ökonomisch und kulturell am stärksten benachteiligt sind, aus der Schule herausdrängen: Man beobachtet, wie gerade die Familien, die kulturell benachteiligt und Opfer der sozialen Ungleichheit sind, am stärksten daran glauben, dass Begabung und Tüchtigkeit die einzig ausschlaggebenden Faktoren für den Schulerfolg sind. Man sieht also, dass eine Wissenschaft, die enthüllt und demaskiert – »es gibt nur eine Wissenschaft, und das ist die Wissenschaft vom Verborgenen«, sagt Bachelard –, aus sich heraus wichtige Veränderungen bewirken kann. Dies gilt natürlich nur unter der Bedingung, dass die Betroffenen, deren Interessen am stärksten auf diese Veränderungen drängen, auch an diesen wissenschaftlichen Einsichten teilhaben. Aber hier ein Wort zu dem, was man meinen Pessimismus nennt, was aber nichts anderes als Realitätssinn ist: Die für diese Teilhabe erforderliche Verbreitung wissenschaftlicher Kenntnisse gehorcht natürlich nur den allgemeinen Regeln, die den Zugang zu kulturellen Erfahrungen steuern. Und so ist umso wahrscheinlicher, dass gerade diejenigen, die in extremster Weise »kulturell enteignet« sind, ein Wissen über eben diese »kulturelle Enteignung« erwerben sollten.

Kann man, anders ausgedrückt, sagen, dass der hier angesprochene Diskurs, der die Dinge in ihrer wirklichen Erscheinung darstellt und sie von Schönfärbereien befreit, auch eine politische Wirkung besitzt?

Wir neigen dazu, die Wirksamkeit derjenigen Formen von Macht zu unterschätzen, die mit der symbolischen Gewalt zusammenhängen. Der Ökonomismus spukt in den Köpfen der gesamten politischen Intelligenz herum und hat so einer bestimmten fatalistischen Einstellung Vorschub geleistet: Wenn die Gesellschaft nur noch entsprechend der ökonomischen Denkweise gesehen werden darf, dann verlieren auch alle gesellschaftlichen Gruppen ihren bislang legitimen Anspruch, sich selbst als spezifische Gruppen innerhalb der Gesellschaft zu organisieren und darzustellen. Ich denke, dass Politik etwas anderes wäre und politische Aktionen eine ganz andere Wirksamkeit gewännen, wenn jedermann davon überzeugt wäre, dass es an ihm selbst liegt, seine eigenen politischen Angelegenheiten in die Hände zu nehmen und dass niemand kompetenter ist als er selbst, um seine persönlichen Interessen wahrzunehmen. ... Man sollte jede Mühe daransetzen, um allen fühlbar zu machen, wie sehr politische Angelegenheiten jeden Einzelnen persönlich angehen und dass es darum geht, in diesen scheinbar abstrakten politischen Angelegenheiten sich selbst mit allen lebenspraktischen Problemen wiederzuerkennen. Und politische Angelegenheiten sind – so verstanden – sehr Verschiedenes: nicht nur die Kontrolle über die Entscheidungen in den Unternehmen, sondern ebenso auch die innerbetrieblichen Beziehungen unter den Arbeitenden; nicht nur die Planung der Autobahnen, sondern auch etwa die gegenseitigen Beschimpfungen der Autofahrer. Wenn vom Klassenkampf die Rede ist, denkt man niemals an seine ganz alltäglichen Formen, an die rücksichtslose gegenseitige Verächtlichmachung, an die Arroganz, an die erdrückenden Prahlereien mit dem »Erfolg« der Kinder, mit den Ferien, mit den Autos oder anderen Prestigeobjekten, an verletzende Gleichgültigkeit, an Beleidigungen usw.: Soziale Verarmung und Vorurteile – Letztere sind die traurigsten aller sozialen Leidenschaften – werden in diesen alltäglichen Kämpfen geboren, in denen stets die Würde und die Selbstachtung der beteiligten Menschen auf dem Spiel stehen. Das Leben ändern, das müsste auch heißen, die vielen kleinen Nichtigkeiten zu ändern, die das Leben der Leute ausmachen und die heute gänzlich als Privatangelegenheit angesehen und dem Geschwätz der Moralisten überlassen werden.

Sie arbeiten an einer Theorie des kulturellen und symbolischen Kapitals und Sie wollen damit dazu beitragen, den Ökonomismus und den Missbrauch symbolischer Formen zu bekämpfen.

Ja, der Ökonomismus führt zu Revolutionen, die bei Teilerfolgen stecken bleiben oder misslingen. Der Stalinismus, der immer noch in so mancher Diskussion zutage tritt, ist ebenfalls eine Form von wissenschaftlichem Utopismus, der pathologisch an die Macht der Sozialwissenschaften glaubt – genauer gesagt an eine Sozialwissenschaft, die, bevor sie sich richtig entfalten konnte, bereits zu Schlagworten und Losungen verstümmelt worden ist. Aus der Geschichte der Sozialwissenschaften können wir lernen, wie beschränkt jedes praktische Handeln ist, das sich bloß von einer einzigen Theorie anleiten lässt. Die Wissenschaftsgläubigkeit birgt in sich immer auch die Möglichkeit des Terrorismus als Mittel bürokratischer Herrschaft. Im Laufe ihrer Entwicklung hat die Sozialwissenschaft ihre eigenen Grenzen erfahren.

Sie nehmen also an, dass es zwischen den politischen Parteien, und zwar allen Parteien, und den Massen der Bevölkerung zu einer vollständigen Trennung gekommen ist?

Grob vereinfacht könnte man sagen, dass die sowohl in ökonomischer als auch in kultureller Hinsicht am stärksten benachteiligten sozialen Gruppen beim gegenwärtigen Stand der Arbeitsteilung im Bereich politischen Handelns keine andere Chance haben, als ihr Schicksal den Parteien zu überlassen. Dies bedeutet aber, dass die Parteien in der Lage sind, zugleich das Angebot an politischen und wohlfahrtsstaatlichen Leistungen festzulegen und andererseits auch zu bestimmen, welche Forderungen der Betroffenen nach diesen Leistungen legitim sind.

Noch eine abschließende Frage zur Politik, bevor wir zu Problemen der Kultur kommen: Denken Sie, dass sich die politische Diskussion eher vereinfachen und damit die Kommunikation verbessern wird, oder besteht die Gefahr, dass sich jene Missverständnisse und Kommunikationsschwierigkeiten, von denen Sie gesprochen haben, verstärken werden?

Leider sehe ich nicht besonders viele Anzeichen für einen Stilwechsel in der Politik. Jedes Sprachsystem ist immer ein Mittel des Ausdrucks, aber zugleich auch ein Mittel der Zensur. Paradoxerweise besteht eine Sprache immer aus jenen Dingen, die sie auszusprechen erlaubt, aber auch aus jenen, die sie auszusprechen und zu denken verbietet, die aber von anderen Sprachsystemen wiederum zugelassen werden ... Das Leben zu ändern, das heißt also auch, die Art und Weise, wie wir über dieses Leben sprechen und denken, zu ändern. Aus meiner Sicht existieren die sozialen Klassen und die hierarchische Unterordnung und Überordnung von Menschen immer in zweifacher Weise: einmal in der Realität und einmal in den Köpfen der Menschen. Selbst wenn diese Klassen und Hierarchien einmal aufhören sollten, in Wirklichkeit zu existieren, dann würden sie dennoch wohl schnell wieder Wirklichkeit werden, weil die Menschen, in deren Köpfen sie weiter herumspuken, sie immer wieder in die Realität projizieren würden.

Wenn Sie einverstanden sind, versuchen wir jetzt zu Problemen des kulturellen Systems vorzugehen, mit denen Sie sich ja in Ihrer Forschung vor allem befassen. Sind die Schwierigkeiten politischer Kommunikation, auf die Sie hingewiesen haben, nicht eigentlich noch spürbarer für die Jugendlichen in ihrer sozialen Existenz außerhalb und innerhalb der Schule?

Ich denke, dass viele Fragen nach der Lage der Jugend begrifflich genauer und konsequenter gestellt werden können, wenn man zunächst einmal das Bildungssystem und vor allem die Beziehung zwischen dem Bildungssystem und dem ökonomischen System untersuchen würde. Das Unbehagen, um nicht zu sagen, die Revolte der Jugend erklärt sich zum großen Teil aus dem ungleichzeitigen Entwicklungstempo des Bildungssystems im Vergleich zu den anderen gesellschaftlichen Bereichen. Die Schule als Institution ist in ihrem Wandel durch eine außerordentliche Trägheit gekennzeichnet. Diese Krise des Bildungssystems spiegelt nur eine tiefer liegende Krise wider. Wenn die Schule den Heranwachsenden das Bild einer alten und traurigen Welt vermittelt, dann liegt das daran, dass diejenigen, die in dieser Welt das Sagen haben – und man sollte nicht fälschlicherweise diese mit der Gesamtheit der Erwachsenen oder der Lehrer verwechseln –, nicht mehr wissen, was es wert ist, weitergegeben zu werden. Ja, sie wissen nicht einmal, dass sie dies nicht mehr wissen.

Sie meinen, die heutige Jugend sei traurig?

Von Paul Nizan stammt der Satz: »Ich war zwanzig Jahre alt und ich habe niemandem erlaubt zu sagen, dies sei die schönste Zeit meines Lebens.« Wenn dieser Satz auch für die heutige heranwachsende Generation noch seine Richtigkeit hat, dann vor allem deshalb, weil es für niemanden zu ertragen ist, in diesem Alter der neuen Projekte und Ideen feststellen zu müssen, dass es keine solchen Projekte und keine Chancen gibt, durch Erfahrung den Dingen auf den Grund zu gehen. Wenn es keine solchen Projekte gibt, bleibt den Jugendlichen nur die blanke Konkurrenz gegeneinander, die erbitterter denn je geführt wird. Dann werden nur noch Mengen eines Wissensstoffs angehäuft, um die Auslese unter den Schülern noch effizienter zu gestalten, oder um sie noch besser zu drillen, nicht aber um das Wissen in einer gesellschaftlich nützlichen Weise oder für eine vernünftige Entwicklung der Persönlichkeit zu entfalten.

Damit kommen Sie aber auch auf die Anpassung des Bildungssystems an das ökonomische System zu sprechen.

Selbstverständlich geht es nicht darum, jenen interessierten Klagen von Unternehmensvertretern das Wort zu reden, die, wenn sie davon sprechen, das Bildungssystem habe sich falsch entwickelt, ihm jedoch nur vorwerfen, weniger fügsame Arbeiter zu produzieren, als es die betriebliche Personalpolitik wünscht. Diesen geht es doch vor allem darum, dass die Arbeitskräfte eher bereit sind, auf die ihnen durch ihre schulischen Abschlüsse garantierten höheren Löhne zu verzichten. Die dem Bildungssystem eigene Logik und die in den Beziehungen zwischen Bildungssystem und Arbeitsmarkt wirksamen Strukturbedingungen haben zu einer verschärften Disharmonie geführt: Der Wert der Ausbildungszertifikate, das heißt der Berufspositionen, zu denen sie berechtigen, ist heute beträchtlich gesunken auf einem Arbeitsmarkt, auf dem diese Zertifikate und Qualifikationen in einer unendlich viel größeren Zahl angeboten werden. Diese Entwicklung wirkt sich vor allem für diejenigen Inhaber von Ausbildungszertifikaten verhängnisvoll aus, die aus ökonomisch und kulturell benachteiligten Familien kommen und deshalb weniger in der Lage sind, ihre Zertifikate durch gute Beziehungen und Empfehlungen zur Geltung zu bringen. Und Letzteres ist ja in mehr als nur einem Fall die heimliche Voraussetzung dafür, um Zertifikate in ein gutes Einkommen umsetzen zu können.

Sie beschreiben hiermit also eine Art von Inflation schulischer Abschlüsse?

In einer Erhebung von 1970 hat sich in den USA gezeigt, dass 40 Prozent der weißen und 30 Prozent der schwarzen Arbeiter die Sekundarstufe der Schule absolviert haben. Ähnlich verhält es sich in Frankreich, wo der Anteil der Abiturienten selbst unter den Kindern aus Familien angelernter Arbeiter fortwährend zunimmt. Die Jugendlichen, die ihre Zertifikate erst noch bekommen müssen, und unter ihnen insbesondere jene aus den nichtbürgerlichen Klassen, müssen zu der berechtigten Annahme kommen, dass man ihnen ungedeckte Wechsel »angedreht« hat. Und diejenigen Erwachsenen, die ihre ökonomischen, sozialen und politischen Positionen allein ihren Bildungsabschlüssen zu verdanken haben, sind ihrerseits wohl am wenigsten berufen, um den Jugendlichen vorzuwerfen, sie akzeptierten nicht die ihnen angebotenen Beschäftigungsmöglichkeiten. Es versteht sich von selbst, dass die Abwertung der Bildungsabschlüsse sehr ungleich ist und davon abhängt, wie groß die Stärke der sozialen und beruflichen Gruppen ist, die ihre Stellung in der Gesellschaft auf diese Titel stützen ... Hinzuzufügen ist allerdings, dass alle diejenigen, die das Bildungssystem ohne Titel verlassen, heute weniger und weniger als ihre Eltern geneigt sind, das ihnen zugedachte soziale und berufliche Schicksal zu tragen. Diese abnehmende Bereitschaft, sich einem vorbestimmten Schicksal zu fügen, ist nicht zuletzt auf die Erfahrung mit einer studentischen Lebensweise zurückzuführen, die diese Jugendlichen gemacht haben und die bislang nur den Kindern der bürgerlichen Klasse vorbehalten war.

Ja, das haben Sie schon 1964 in »Les Héritiers« (deutsch: Die Illusion der Chancengleichheit, Stuttgart 1971) aufgezeigt, wo Sie darlegten, dass eine wirkliche Demokratisierung des Bildungssystems nicht allein von ökonomischen Faktoren abhängt. Dann kam der Mai 1968. Eine wahre Flut von Reformen und Pseudoreformen hat sich über das Land ergossen. Kann man sagen, dass wir heute noch am selben Punkt stehen wie damals? Oder stehen wir heute wieder einer ständischen bzw. einer konservativen Tradition gegenüber?

In der Tat ist dies eine Frage von besonderem Interesse. Die Kultur und vielleicht mehr noch die schulischen Abschlüsse stellen eine Form von Kapital dar. Sie sind das Ergebnis einer Investition (sowohl im ökonomischen als auch im psychoanalytischen Sinne), die sich auszahlen muss. Und diejenigen, die diese Berechtigungsscheine in der Hand halten, verteidigen ihr »Kapital« und ihre »Profite«, indem sie diejenigen Institutionen verteidigen, die ihnen dieses »Kapital« garantieren. Es ist verständlich, dass die hartnäckigsten Verteidiger der alten Bildungsinstitutionen unter den Altphilologen zu finden sind. Diese Lehrer verteilen Kulturgüter, deren »Vertrieb« sich nur lohnt, solange jener künstliche Markt besteht, auf dem entsprechende Prüfungen und Titel angeboten werden. Allein deshalb ist die ökonomische Betrachtungsweise der Kultur durchaus nicht begriffswidrig oder missbräuchlich (außer für diejenigen, die Kultur mit etwas Sakralem gleichsetzen, was wir alle mehr oder weniger tun). Diejenigen, die die plötzlich entwerteten Zertifikate und Qualifikationen (wie zum Beispiel die Lateinkenntnisse oder die »Allgemeinbildung«, wie sie das französische Bildungssystem verteilt) in den Händen halten, können sich aber selbst nicht einmal gegen dieses System wenden. Sie sind Opfer dieses Bildungssystems, das ihnen zu allerhöchsten Kosten eine verfallene Kultur anbietet und dabei sogar noch jene Reste dieser Kultur unterdrückt, die für Schüler und Studenten von Wert sein könnten.

Sie berühren damit das Problem der Lehrer. Aber sind nicht auch viele Erklärungen aufseiten der Familie zu suchen?

Ja, selbstverständlich. Die Erhaltung sozialer Strukturen ist nicht ein bloß mechanischer Effekt sozialer Mechanismen. Ich betrachte die Schule nicht als eine Art Höllenmaschine, die die Kinder entsprechend vorbestimmter sozialer Gesetze »vorsortiert«. Das, was wir als Verteilung sozialer Chancen statistisch messen, ist Ergebnis einer Erhebung von individuellen Strategien, die, auch wenn es den Betroffenen nicht bewusst wird, immer auch Strategien der Verwertung von Arbeitskraft sind: Die Wahl der

Bildungseinrichtung, die Wahl des Fachbereichs, die Wahl eines guten Feriensprachkurses usw. Alle diese individuellen Auswahlentscheidungen summieren sich zu statistischen Regelmäßigkeiten, die zur Struktur einer jeden sozialen Klasse gehören.

Dies alles zu ändern wird lange dauern und ein äußerst schwieriges Unterfangen werden, wer auch immer die politische Macht in der Hand hat und wie gut auch immer seine Absichten sein mögen ...

Das ist offensichtlich. Aber ohne dem Soziologismus das Wort reden zu wollen, der nur beschreiben kann, was – in doppeltem Sinne – unvermeidlich oder notwendig ist, so kann ich doch sagen, dass die soziologische Erkenntnis, was die Frage eines möglichen Wandels der Verhältnisse angeht, nicht zum utopischen Denken ermutigt.

In der Tat hält man die Soziologen ja häufig für die geheimen Drahtzieher der sozialen Wirklichkeit, die in dämonischer Weise die soziale Entwicklung unterstützen oder verhindern könnten.

Damit wird die Macht der Soziologen enorm überschätzt. Aber dieses falsche Bild lässt sich seinerseits soziologisch erklären. In der Tat ist es ja so, dass sich das, was wir als anerkannte Beschreibung der sozialen Realität akzeptieren, Gegenstand politischer Auseinandersetzungen und Kämpfe ist. Und in diesen Kämpfen geht es stets darum, anderen eine Sicht der sozialen Lebenswelt aufzuzwingen, mit der sich die Ansprüche auf Ausübung einer bestimmten Form von Macht stützen lassen. In diesem Sinne kann Soziologie dazu dienen, Politik mit anderen Mitteln fortzusetzen. Diese Macht, wie sie zum Beispiel von Intellektuellen und Parteifunktionären ausgeübt wird, wird besonders in undurchsichtigen und schwer entscheidbaren Situationen, wie in sozialen Krisen sichtbar (das sind jene Situationen, die, wie die Religionsgeschichte uns zeigt, nach der prophetischen Rede verlangen): In krisenhaften Situationen wird die Voraussage von Entwicklungen zu einer sich selbst erfüllenden Prophezeiung; das Sprechen über die Zukunft hilft aus der Zukunft das zu machen, was man von ihr sagt. Voraussagen sind immer Instrumente der Macht: Die Zukunft der anderen vorauszusehen heißt auch, sich selber Macht über diese anderen anzumaßen. Man braucht sich nur die Äußerungen von Landwirtschaftsplanern zu vergegenwärtigen, die das Verschwinden der Bauern als Berufsstand vorausgesagt haben. Diese Äußerungen waren, indem sie eine »wahrscheinliche Zukunft« voraussagten, zugleich Empfehlungen für eine Entwicklung dorthin. Eine gesellschaftliche Gruppe von ihrem Abstieg zu überzeugen heißt, diesen Abstieg beschleunigt herbeizuführen. Derjenige, der sagt, was sein wird, trägt dazu bei, dass sein wird, was er sagt.

Die Politik drückt sich ständig in Vermutungen aus. Dies ist eine Sprache, die dazu beiträgt, dass andere tun, was gesagt wird, dass Wirklichkeit wird, was sie verkündet. Die Soziologie kann sich dem nicht entziehen. Selbst wenn der Soziologe sich um eine feststellende Sprache bemüht, selbst wenn er nur aussagt, was ist, selbst dann trägt der Soziologe dazu bei, den Zustand der sozialen Verhältnisse als real erscheinen zu lassen. Selbst dann versteckt auch er unter der Formel einer bloßen Feststellung, was in Wirklichkeit nur ein Wille oder ein Wunsch ist.

Wenn Sie zum Beispiel von Kultur sprechen, so spürt man die Versuchung, Sie nach einem Vorschlag für eine neue Definition von Kultur zu fragen.

Alles, was ich zunächst sagen kann, ist, woraus Kultur gemacht wird oder was man aus der Kultur macht. In jeder

Hinsicht ist Kultur Ergebnis eines Kampfes. Das versteht sich von selbst, weil mit der Idee der Kultur auch immer die menschliche Würde auf dem Spiel steht. Das bedeutet, dass in einer Klassengesellschaft diejenigen, die von der Kultur ausgeschlossen sind, auch in ihrer Würde und in ihrer menschlichen Existenz getroffen sind und sich getroffen fühlen. Diejenigen wiederum, die die Kultur besitzen oder sich zumindest in ihrem Besitz wähnen (der Glaube ist hier wesentlich), vergessen ständig all die Leiden und Erniedrigungen, die im Namen dieser Kultur geschehen. Die Kultur ist hierarchisch organisiert und sie trägt zur Unter- und Überordnung von Menschen bei, wie etwa ein Möbel- oder ein Kleidungsstück, an denen man sofort erkennen kann, auf welcher Sprosse der sozialen und kulturellen Hierarchie sein Besitzer steht. Im Bereich der Politik, aber nicht allein dort, verurteilen die offiziöse Kultur und der von ihr beanspruchte Respekt diejenigen zum Schweigen, die nicht als Träger dieser Kultur anerkannt sind. Um aber die sozialen Kämpfe und Auseinandersetzungen um die jeweilige Kultur vollständig erkennbar zu machen, muss man immer wieder hinweisen auf jene Illusion, die aus der immer auch sinnlich-materiellen Erscheinungsweise von Kultur resultiert. Der Umstand, dass kulturelle Erscheinungen immer auch als sinnlich fassbare Äußerungen von Personen in Erscheinung treten, erweckt den Eindruck, als sei Kultur die natürlichste und die persönlichste und damit also auch die legitimste Form des Eigentums.

Wie Sie gezeigt haben, trifft dies besonders für die Sprache zu …

Aber gewiss. So lässt sich das Schweigen derjenigen erklären, die nur die Wahl haben zwischen der ihnen fremden und aufgezwungenen »offiziösen Sprache« oder ihrer eigenen Umgangssprache. Und so lässt sich auf der anderen

Seite die Selbstsicherheit jener erklären, die immer auf ihre »Leichtigkeit« im sprachlichen Ausdruck und auf die »natürliche Vornehmheit« ihrer Rede rechnen können.

Wir sind fast an unseren Ausgangspunkt, die Form des politischen Diskurses, zurückgekehrt. Ist die Lösung des politischen Problems also zunächst eine Frage der Sprache?

Ja, ich glaube, wenn man von der Linguistik spricht, muss man sich klar sein, dass man von Politik spricht. Und wenn man von Politik spricht, muss man wissen, dass es sich dabei auch immer um Sprache handelt. Sofern man überhaupt von einer spezifisch politischen Kompetenz sprechen kann, so ist es zweifellos die Fähigkeit, konkrete Probleme des Alltags in allgemeinen Begriffen auszudrücken. Es geht darum, eine Entlassung, einen Abbau von Arbeitsplätzen, eine Ungerechtigkeit oder einen Arbeitsunfall nicht als einen einzelnen Vorfall, als ein persönliches Erlebnis, sondern als ein kollektives Ereignis, das eine ganze soziale Klasse betrifft, darzustellen. Aber diese Verallgemeinerung ist nur möglich durch die Sprache, denn sie ist nur möglich durch Teilhabe an einer generellen Betrachtungsweise der sozialen Wirklichkeit. Deshalb sind Politik und Sprache eng miteinander verbunden. Man kann die übliche Traurigkeit der soziologischen Diskussion etwas aufheitern, ohne gleichzeitig naiv zu sein, wenn man ein wenig utopisch denkt. Und dann kann man zum Beispiel am Verhältnis von Politik und Sprache erkennen, dass es nicht unnütz ist, sich um Worte zu streiten und dass es sich lohnt, um die Ehrenhaftigkeit und um die Strenge im Gebrauch von Worten und um die offene und freie Rede zu streiten. Und es lohnt sich auch die Mühe des Kampfes, das allgemeine Recht auf die Freiheit der Rede bekannt zu machen – auf eine Rede, die diejenigen Erfahrungen wieder zur Sprache bringt, die in der Gesellschaft unterdrückt werden. Der politische Aktivist sollte nicht jemand sein, der Plakate klebt oder vorgeformte Parolen verbreitet. Es sollte jemand sein, der seine Sprache spricht, um etwas zu sagen, und der dies dann auch sagt. Der sich ausdrückt und der sich dafür einsetzt, dass Bedürfnisse ausgedrückt werden. Und es muss jemand sein, der das, was er sagt, das, was er tut und das, was man ihn tun lässt, selbst in der Hand hat.

Die feinen Unterschiede

In Ihrem Buch »Die feinen Unterschiede« zeigen Sie an einer Fülle empirischer Daten, wie sehr das Leben des Einzelnen von seiner Klassenzugehörigkeit bestimmt wird. Ob er Johann Strauss oder Johann Sebastian Bach mag, aber auch wie viele Unterhosen er hat, ob er Schlafanzug und Morgenmantel besitzt: Das alles wird auf seine soziale Zugehörigkeit zurückgeführt. Ergibt sich dann aus der Fülle solcher Einzelheiten wirklich ein einheitliches Bild, ein »System der Lebensstile«?

Nun, ich meine, dass es bei diesem Unternehmen nicht bloß darum geht, unterschiedliche Formen der Lebensführung mit der Zugehörigkeit zu dieser oder jener gesellschaftlichen Klasse zu verknüpfen. Im Grunde geht es mir in diesem Buch viel eher darum, die herkömmliche Vorstellung von »Klasse« außer Kraft zu setzen, als sie zu stärken. Mein Versuch geht dahin zu zeigen, dass zwischen der Position, die der Einzelne innerhalb eines gesellschaftlichen Raumes einnimmt, und seinem Lebensstil ein Zusammenhang besteht. Aber dieser Zusammenhang ist kein mechanischer, diese Beziehung ist nicht direkt in dem Sinne, dass derjenige, der weiß, wo ein anderer steht, auch bereits dessen Geschmack kennt. Als Vermittlungsglied zwischen der Position oder Stellung innerhalb des sozialen Raumes und spezifischen Praktiken, Vorlieben usw. fungiert das, was ich »Habitus« nenne, das ist eine allgemeine Grundhaltung, eine Disposition gegenüber der Welt, die zu systematischen Stellungnahmen führt. Es gibt mit anderen Worten tatsächlich – und das ist meiner Meinung nach überraschend genug – einen Zusammenhang zwischen höchst disparaten Dingen: Wie einer spricht, tanzt, lacht, liest, was er liest, was er mag, welche Bekannten und Freunde er hat usw. – all das ist eng miteinander verknüpft. Und das haben, glaube ich, in dieser Klarheit vor mir nur wenige formuliert – unter anderen die Schriftsteller. Für *Balzac* etwa war es eine ausgemachte Sache, dass er, wenn er das Haus schilderte, in dem seine Helden wohnten, zugleich diese selbst beschrieb – und dass bei der Schilderung der Helden auch von deren Häusern die Rede war. Bei *Flaubert* ist das noch deutlicher: In der »Erziehung des Herzens« zeichnet er nach, wie die verschiedenen sozialen Kreise essen – und in der Beschreibung des Essens liefert er die Beschreibung des Milieus. Es handelt sich folglich um etwas, was wir intuitiv immer schon wissen, was die Schriftsteller anschaulich machen, aber was von den Sozialwissenschaften nicht verfolgt wird. Dafür gibt es mannigfache Gründe, zunächst einmal technische: Wenn z.B. die Sozialpsychologie ein solches Thema angeht, wird eine Reihe isolierter Experimente und Untersuchungen gestartet – über ästhetischen Geschmack, über Wahrnehmung usw. –, und man kann sicher sein, dass es nicht derselbe Wissenschaftler ist, der über beides forscht.

Eine der Schwierigkeiten meiner Untersuchung lag darin, mit einem einzigen Fragebogen so viele unterschiedliche Aspekte einer Person wie nur irgend möglich zu erfassen – nach dem Lieblingsessen genauso zu fragen wie nach den Literatur- und Musikvorlieben, ja wenn möglich auch nach den Vorlieben im Zusammenhang mit dem sexuellen Partner, wobei immer davon auszugehen war, dass hier eine Einheit besteht. Ich bin tatsächlich der Meinung, dass unser Nervensystem auf einheitliche Weise funktioniert – wir vereinheitlichen, machen kohärent, und in diesem Sinne ist unser Geschmack kein bloßes Produkt mechanischer Bestimmungsfaktoren des Milieus, sondern Resultat einer Art Alchimie, eines Umwandlungsprozesses.

Wenn die Klassenzugehörigkeit das Leben des Einzelnen dermaßen prägt – Essen, Wohnung, Sport, Kunst, aber auch Liebe und Religion, alles ist abhängig von der Klassenzugehörigkeit –, gibt es da überhaupt noch Platz für Spontaneität und Individualität?

Der Begriff des »Habitus« besagt genau das. Er bezeichnet im Grunde eine recht simple Sache: Wer den Habitus einer Person kennt, der spürt oder weiß intuitiv, welches Verhalten dieser Person verwehrt ist. Mit anderen Worten: Der Habitus ist ein System von Grenzen. Wer z.B. über einen kleinbürgerlichen Habitus verfügt, der hat eben auch, wie Marx einmal sagte, Grenzen seines Hirns, die er nicht überschreiten kann. Deshalb sind für ihn bestimmte Dinge einfach undenkbar, unmöglich; es gibt Sachen, die ihn aufbringen oder schockieren. Aber innerhalb dieser seiner Grenzen ist er durchaus erfinderisch, sind seine Reaktionen keineswegs immer schon im Voraus bekannt. Die Entsprechung von Lebensstil und künstlerischem Stil gewinnt von hier aus ihren Sinn: Der Stil einer Epoche ist genau das, nämlich schöpferische Kunst, das heißt, man weiß nie genau, was ein Künstler schaffen wird; aber sobald er etwas geschaffen hat, entdeckt man, dass auch er Grenzen hat, dass in der Romantik eben kein gotischer Stil entstehen kann. Mit anderen Worten: Jeder Künstler schöpft aus Vorhandenem. Das Gleiche gilt für jeden von uns: Wir haben alle unsere Grenzen. Allerdings gibt es die Möglichkeit, sich dessen bewusst zu werden.

Ein wichtiger Teil Ihres Buches befasst sich mit der Veränderung im Bildungswesen, mit der »Bildungsexpansion«, die für Frankreich genauso gilt wie für die Bundesrepu-

blik. Mehr Kinder mittlerer und unterer sozialer Schichten als früher absolvieren heute die Gymnasien und Universitäten. Sie sprechen von der »Bildungsinflation« als dem Ergebnis dieser Entwicklung: Je mehr Absolventen einen akademischen Titel erwerben, um so weniger wert ist der Titel. Die Hoffnung vieler Jugendlicher auf gesellschaftlichen Aufstieg durch mehr Bildung erfüllt sich nicht. In welchem Zusammenhang steht dieser Komplex mit Ihrem eigentlichen Thema?

Zunächst einmal denke ich, dass die Inflation und die daraus folgende Entwertung der Bildungsprädikate sehr allgemeine Auswirkungen gehabt haben. Bestimmte Aspekte der Jugendrevolte, der ökologischen und feministischen Bewegung, aber auch tief greifende Veränderungen im politischen Bereich, das Auftreten des Linksradikalismus usw. lassen sich meiner Meinung nach auf die Wandlungsprozesse im Bildungswesen zurückführen. Und natürlich bleibt auch der Geschmack von diesen Einflüssen nicht verschont. Wenn demnach eine der zentralen Thesen meines Buches stimmt, dass zwischen dem Raum der sozialen Positionen und dem der Lebensstile, Lebensweisen und Geschmacksrichtungen eine Korrespondenz besteht, dann muss sich zwangsläufig jede Veränderung im Bereich der sozialen Positionen auf die eine oder andere Weise innerhalb des Bereichs von Geschmack und Lebensstil niederschlagen. Um eine Reihe neuer Phänomene zu erklären, insbesondere das Auftreten eines »jugendlichen« Geschmacks, den ich ausführlich in meinem Buch beschreibe, oder auch die Wertschätzung, die bestimmte moderne Sportarten wie das Surfen genießen, war ich gezwungen, die tief greifenden gesellschaftlichen Wandlungsprozesse in Verbindung mit den Veränderungen innerhalb des Bildungswesens zu analysieren. Zum anderen erscheinen mir diese Veränderungen auch wichtig für die Erklärung jener Phänomene, die gewöhnlich unter dem Begriff der sozialen Mobilität abgehandelt werden: Was sich in der jüngst vergangenen Periode in den USA, in Frankreich, aber wohl auch in der Bundesrepublik vollzogen hat, das ist ein tief greifender Wandel im Verhältnis der verschiedenen sozialen Gruppen zum Bildungssystem. Dieser Wandel hat sich ebenfalls auf die Lebensweisen ausgewirkt; nicht zuletzt die Studentenbewegung hat in diesem Zusammenhang eine Art symbolische Führerschaft übernommen, d.h., sie hat neue Formen des politischen Ausdrucks erfunden, neue Formen, Sexualität auszudrücken und zu leben usw.

Drei große Klassen kann man, grob gesagt, in Ihrem Buch unterscheiden: die herrschende Klasse, die den Ton angibt, die mittlere Klasse, die aufsteigen will, und die untere Klasse, die Volksklasse, die in gewisser Weise den Abfall der anderen erhält. Man hat bei der Lektüre Ihres Buches manchmal den Eindruck, Ihr Gesellschaftsbild sei recht statisch.

Nein, mein Gesellschaftsbild ist keineswegs statisch. Was ich zu zeigen versuche, ist vielmehr: Statt wie so häufig in Begriffen von sozialen Klassen zu denken, d.h. von säuberlich geschiedenen, neben- oder übereinander stehenden gesellschaftlichen Gruppen, sollte man eher von einem sozialen Raum ausgehen. Dieser soziale Raum besitzt, wie der geografische, eine Struktur – es gibt so etwas wie eine gesellschaftliche Topologie: Einige Menschen stehen »oben«, andere »unten«, noch andere »in der Mitte«. Bei der Beschreibung des sozialen Raums verfahre ich wie ein Geograph, der etwa Deutschland in einen Norden und einen Süden einteilt. Der Norden ist eher protestantisch, der Süden eher katholisch. Der Süden kann nun noch weiter eingeteilt werden in Baden-Württemberg, Bayern usw., und jede dieser Regionen lässt sich mit Bezug auf die übrigen Regionen näher darstellen. Wer »oben« beheimatet ist, dürfte wohl nur in den seltensten Fällen jemanden von »unten« heiraten. Zunächst einmal sind die Aussichten generell gering, dass sie sich überhaupt treffen. Sollte das einmal geschehen, dann wahrscheinlich nur so en passant, kurz, auf einem Bahnhof oder in einem Zugabteil. Von einem wirklichen Zusammentreffen lässt sich da schwerlich reden. Und sollten sie tatsächlich einmal ins Gespräch kommen, werden sie sich wohl nicht wirklich verstehen, kaum sich eine richtige Vorstellung voneinander machen können. Mit anderen Worten: Es gibt so etwas wie einen Raum, der sehr starke Zwänge ausübt. Andererseits stehen Menschen, die räumlich nahe beieinander sind, in einem – wie es in der Topologie heißt – Nachbarschaftsverhältnis: Sie sehen sich öfter, treten miteinander in Kontakt, zuweilen auch in Konflikt, aber auch der stellt ja noch eine Beziehung dar. Was ich analytisch beschreibe, ist mit anderen Worten die Logik einer räumlichen Verteilung. Diese Logik kann Annäherungen begünstigen: Sich persönlich näher zu kommen, wird dann um so leichter sein, je näher man sich räumlich ist. Andererseits: Einmal angenommen, ich wäre ein politischer Führer und wollte eine große Massenpartei aufbauen, die sowohl Unternehmer wie Arbeiter anspricht, dann dürfte das letztlich kaum gelingen. Selbst wenn die potenziellen Anhänger sich geographisch nahe sein sollten, sind sie auf der sozialen Ebene durch Welten getrennt. In bestimmten historischen Konstellationen, in Zeiten einer nationalen Krise mag es auf der Grundlage von Nationalismus zu einer Annäherung kommen. Aber die wäre letzten Endes doch fiktiv.

Wenn Sie gestatten, möchte ich das Schema einmal in groben Zügen nachzeichnen: Stellen Sie sich eine Art Achsenkreuz vor – die vertikale Achse hat ein »oben« und ein »unten«, die horizontale einen intellektuellen und einen ökonomischen Pol. Dieses Feld sozialer Positionen drückt sich nun in der Art der Lebensstile aus. Das Ganze lässt sich so veranschaulichen, dass Sie auf ein unteres Blatt (mit den sozialen Positionen) ein Transparentpapier legen, auf dem bestimmte Präferenzen, Praktiken usw. eingetragen sind. Schauen Sie sich jetzt einmal die Position »Intellektueller« an, sehen Sie sofort: Ah ja, der liest die und die – eher linke – Zeitung, fährt eine »Ente« usw. Andererseits kann man – ich komme auf Ihre Frage zurück – diese Vorstellung wohl auch als statisch bezeichnen: Nur sind die Menschen aber auch in diesem Raum, ausgehend von ihrer Stellung in ihm, in einen fortwährenden Kampf untereinander verwickelt – um die Veränderung dieses Raums. Da liegt der große Unterschied zwischen gesellschaftlichem und geographischem Raum. Der gesellschaftliche Raum ist – wie der geographische – im höchsten Maße determinierend; wenn ich sozial aufsteigen möchte, habe ich eine enorme Steigung vor mir, die ich nur mit äußerstem Kraftaufwand erklettern kann; einmal oben, wird mir die Plackerei auch anzusehen sein, und angesichts meiner Verkrampftheit wird es dann heißen: »Der ist doch nicht wirklich distinguiert!« Das Bild lässt sich zwanglos fortsetzen. Dieser soziale Raum ist also von einer penetranten Realität und wir kämpfen unablässig gegen ihn an, z.B. bestimmte Menschen können wir nicht treffen, andere, denen wir lieber aus dem Weg gehen würden, treffen wir. Allerdings ist dieser Raum veränderbar.

Sie zählen in Ihrem Buch auch die Intellektuellen zur herrschenden Klasse, die doch keine ökonomische oder politische Macht besitzen. Wie kommen Sie dazu? Zumindest die Linksintellektuellen betrachten sich doch als Gegner der herrschenden Klasse, die sie bekämpfen wollen, die sie vielleicht gar durch eine Revolution stürzen wollen. Sie äußern sich einmal sogar spöttisch über die »Theoretiker der Revolution«.

Ich meine, um das Problem der Revolution wirklich zu begreifen, darf man nicht übersehen, dass innerhalb dieses Raumes fortwährende Bewegungen im Gange sind (die Menschen zirkulieren in ihm entsprechend den ihm eigenen Zwängen). Um zu verdeutlichen, was ich meine, bietet sich noch ein anderes Bild an – das eines Spiels. Der Raum, das sind hier die Spielregeln, denen sich jeder Spieler beugen muss. Vor sich haben die Spieler verschiedenfarbige Chips aufgestapelt, Ausbeute der vorangegangenen Runden. Die unterschiedlich gefärbten Chips stellen unterschiedliche Arten von Kapital dar: Es gibt Spieler mit viel ökonomischem Kapital, wenig kulturellem und wenig sozialem Kapital. Die sind in meinem Raumschema rechts angesiedelt, auf der herrschenden, ökonomisch herrschenden Seite. Am anderen Ende sitzen welche mit einem hohen Stapel kulturellem Kapital, einem kleinen oder mittleren Stapel ökonomischem Kapital und geringem sozialen Kapital: Das sind die Intellektuellen. Und jeder spielt entsprechend der Höhe seiner Chips. Wer einen großen Stapel hat, kann bluffen, kann gewagter spielen, risikoreicher. Mit anderen Worten: Die Spielsituation ändert sich fortwährend, aber das Spiel bleibt bestehen, wie auch die Spielregeln. Die Frage ist nun: Gibt es Leute, die daran Interesse haben, den Tisch umzuwerfen und damit dem Spiel ein Ende zu machen? Das kommt wohl sehr selten vor. Ich frage mich, ob das überhaupt jemals der Fall war. Was stattfindet, das sind Auseinandersetzungen darum, ob ein Chip »ökonomisches Kapital« wirklich drei Chips »kulturelles Kapital« wert ist.

In meinen Augen sind viele Revolutionen ausschließlich Revolutionen innerhalb der herrschenden Klasse, d.h. in jenen Kreisen, die Chips besitzen und die auch mal auf die Barrikaden steigen, damit ihre Chips an Wert gewinnen.

Im Gegensatz zu vielen Intellektuellen, vor allem Linksintellektuellen, die die Kultur der Arbeiterklasse durchaus positiv schildern, beschreiben Sie die Kultur der unteren Klasse fast ausschließlich negativ, fast ausschließlich als das, was sie »nicht« ist. Gibt es keine positive, also keine authentische Kultur der unteren Klasse, der Volksklasse, wie Sie es nennen?

In meiner Beschreibung steckt tatsächlich etwas wie Abwehr gegen eine volkstümelnde Idealisierung der unteren Klassen. Letztere ist, meiner Meinung nach, Produkt des schlechten Gewissens der Intellektuellen und gibt eher die Intellektuellen wieder als das, wovon diese sprechen. Anders gesagt: Wenn die Intellektuellen von den unteren Klassen oder der Arbeiterklasse sprechen, dann sprechen sie von sich, nicht von der Arbeiterklasse, die sie in der Regel nicht kennen. Deshalb habe ich solchen Nachdruck auf die Tatsache gelegt, dass das, was Kultur oder Bildung heißt, d.h. legitime Kultur, jene, die in den Gymnasien oder Oberschulen gelehrt wird und beim Partygeplauder so hoch im Kurs ist, den unteren Klassen komplett fehlt – und das nicht ohne Grund: Denn diese Kultur und Bildung ist im Allgemeinen gegen sie gerichtet. Was »Distinktion« ist, was »Unterschied« ist, lässt sich, so meine Ansicht, immer nur relativ sagen, in Beziehung zu anderem. Im Grunde heißt »distinguiert« sein: »nicht populär« sein – und sonst nichts. Per Definition sind die unteren Klassen nicht distinguiert; sobald sie etwas ihr eigen nennen, verliert es auch schon diesen Charakter. Die herrschende Kultur zeichnet sich immer durch einen Abstand aus. Nehmen wir ein einfaches Beispiel: Skifahren war früher ein eher aristokratisches Vergnügen. Kaum war es populär geworden, kam Skifahren außerhalb der eingefahrenen Pisten auf. Kultur, das ist im Grunde auch immer etwas »außerhalb der Piste«. Kaum bevölkern die breiten Massen die Meeresstrände, flieht die

Bourgeoisie aufs Land. Das ist ein simpler Mechanismus, aber er ist wichtig, will man verstehen, warum der Begriff der »populären« oder Volkskunst ein Widerspruch in sich ist. Damit ist keineswegs behauptet, dass die unteren Klassen nichts hätten. Sie haben etwas und sie sind etwas, sie haben ihren Geschmack und ihre Vorlieben – nur lässt sich das häufig nicht zum Ausdruck bringen, und wenn doch einmal, dann wird es sofort objektiv entwertet. Auf dem Bildungsmarkt springt das ins Auge. Sobald die Vertreter der unteren Klassen dort ihre Sprache anbieten, bekommen sie schlechte Noten; da fehlt ihnen die richtige Aussprache, die richtige Syntax usw. Es gibt mithin eine populäre Kultur im ethnologischen Sinn, aber diese Kultur ist als »Bildung« wertlos.

Müsste man nicht auch im Bereich der Intellektuellen Unterscheidungen treffen, etwa zwischen Intellektuellen von Ansehen und Einfluss wie den Hochschullehrern und Intellektuellen ohne Ansehen und Einfluss wie den arbeitslosen Künstlern? Und doch haben beide gleichermaßen kulturelles Kapital!

Das Universum der Intellektuellen ist natürlich nicht in sich homogen, sondern stellt ebenfalls einen Raum dar. In den »feinen Unterschieden« arbeite ich mit einem großen Maßstab, und auf meiner Karte des sozialen Raums machen die Intellektuellen nur einen Punkt aus, aber auch dieser Punkt stellt in sich ein Universum dar. Gegenwärtig arbeite ich über das intellektuelle Feld und da bietet sich an, wie bei einer Geographie-Karte vorzugehen: Man nimmt Berlin und erstellt eine Vergrößerung. Im Augenblick bin ich an einer vergrößerten Darstellung der Welt der Intellektuellen; auch diese Welt hat natürlich ihre räumliche Ausdehnung, hat ihre Herrschenden und Beherrschten: Da sind die bürgerlichen Künstler, wie es im 19. Jahrhundert hieß, da sind die Vertreter des L'art pour l'art, und da sind die Anhänger gesellschaftlicher Kunst. In diesem intellektuellen Mikrokosmos findet sich der gesamte soziale Raum wieder. Zwischen den einzelnen Gruppen gibt es Kämpfe, die an Klassenkämpfe erinnern. Sehr oft werden die Kämpfe innerhalb dieses Mikrokosmos von den Intellektuellen mit den Kämpfen auf der gesamtgesellschaftlichen Ebene verwechselt, wird der Glaube genährt, als stünden die Auseinandersetzungen zwischen intellektuellen Außenseitern und bürgerlichen Intellektuellen zwangsläufig in engstem Zusammenhang mit den Auseinandersetzungen zwischen Proletariat und Bourgeoisie. Nicht selten nimmt man das den Intellektuellen auch ab. Sie selbst jedenfalls glauben es immer.

Sie sprechen von der »Illusion der freien Intellektuellen«, und Jean-Paul Sartre, der auch bei uns in Deutschland starken Einfluss hatte, nennen Sie den »Ideologen der Intellektuellen«. Was verstehen Sie darunter?

Sartre ist die Inkarnation dieses Typs und zugleich jemand, den man im höchsten Maße bewundern kann. Denn schließlich hat er den Mythos vom freien Intellektuellen, vom Intellektuellen als dem Widersacher jedweder Macht entwickelt – ein sehr nützlicher Mythos, da er sich ja durchaus auch zum Kampf gegen die Macht, als soziale Waffe einsetzen lässt. Freilich sollte man sich dabei im Klaren sein, dass es sich um einen Mythos handelt und dass der Intellektuelle mitnichten frei oder »freischwebend« ist. Auch der Intellektuelle hat seinen Ort im sozialen Gefüge und ist tatsächlich nur in dem Maße frei, wie er sich seiner sozialen Stellung bewusst ist. Mit anderen Worten: Mit diesem Schema, das ich hier fortwährend zu veranschaulichen suche, beabsichtige ich keineswegs, nun den Intellektuellen wie einen toten Schmetterling gleichsam aufzuspießen, ihn ein für alle Mal an einer Stelle festzunageln; vielmehr sage ich: Nur wenn du, Intellektueller, dir bewusst bist, dass du da stehst, bist du ein bisschen frei. Sobald du aber meinst, nirgendwo zu stehen, hast du deine Freiheit schon verloren, bist du entfremdet, und deine besondere Entfremdung beruht dann in dem Glauben, nirgendwo zu stehen.

Ihre Auffassung von Soziologie scheint jede Art von »Sozialphilosophie«, jede Art von weitgehender theoretischer Reflexion der Gesellschaft auszuschalten. Aber Ihre Auffassung von Kritik – »Kritik der gesellschaftlichen Urteilskraft« heißt Ihr Buch im Untertitel – erinnert doch wieder an die »kritische Sozialphilosophie«, wenn Sie auch die Art von Sozialphilosophie, wie sie etwa die Frankfurter Schule vertreten hat, ablehnen.

Ja, das liegt ganz auf der Linie dessen, was ich gerade ausgeführt habe. Es stimmt, ich stehe augenscheinlich auf der Seite der kritischen Philosophie. Wissenschaftliche Praxis an sich impliziert meiner Meinung nach eine kritische Haltung; nur bin ich der Ansicht, dass die traditionelle Sozialphilosophie, das, was ich etwas abschätzig »Sozialphilosophie« nenne, ihren kritischen Anspruch nicht voll und ganz einlösen kann, und zwar deshalb, weil sie auf die entsprechenden Hilfen verzichtet, dabei über alles und nichts redet, und das mit scheinbar radikalen, in Wirklichkeit aber formalen und leeren Begriffen. Zu ihrer wirklichen Stärke gelangt Kritik meiner Überzeugung nach nicht durch eine »Kritik der Waffen«, sondern durch die »Waffen der Kritik« – wie Marx formuliert –, d.h. durch entsprechend ausgerüstete Kritik. Nehmen wir die Kritik der Familie: Da kann die Soziologie, die Ethnologie, die Verwandtschaftsanalyse ein umfängliches kritisches Instrumentarium bereitstellen. Wo das fehlt, reicht es allenfalls zu einer scheinbaren Radikalität: Mit ein bisschen Freud, ein bisschen

Reich, ein bisschen Marx, das alles »neu interpretiert«, lassen sich zwar Banalitäten formulieren, eine wirklich radikale Kritik aber lässt sich nur leisten, indem man Verwandtschaftsstrukturen analysiert, indem man der Frage nachgeht, wie Familienbesitz von einer Generation zur anderen weitergegeben wird, welche Kräfteverhältnisse zwischen den Generationen herrschen, d.h. indem man auf alle Errungenschaften der modernen Sozialwissenschaft zurückgreift.

Ihr Buch beeindruckt nicht zuletzt durch die Fülle des empirischen Materials, aus dem Sie Ihre Thesen ableiten. Nun wird mancher, gerade wenn er von der Frankfurter Schule beeinflusst ist, rasch den Vorwurf »Positivist« bereithaben. Wie sehen Sie das Verhältnis von Empirie und Theorie in den Sozialwissenschaften?

Ich bin über diese Frage sehr erfreut, denn tatsächlich bestand mein erstes Projekt zu Beginn meiner Laufbahn als Sozialwissenschaftler genau darin, mit diesem Gegensatz zwischen Theorie und Empirie zu brechen, auch er ist noch Ausdruck der Struktur des sozialen Raums, die ich vorhin beschrieben habe. Die Theorie steht selbstredend oben. Das »theorein«, das ist das Schauen, das ist die Gesamtschau. Ich zitiere in diesem Zusammenhang gerne einen Satz von Virginia Woolf: »Die generellen Ideen sind Generalsideen.« Der General steht oben, auf einem Hügel, er hat den Überblick, er sieht alles – das ist der Philosoph, der Sozialphilosoph; er denkt sich Schlachten aus, beschreibt den Klassenkampf und taucht natürlich nicht in Waterloo auf. Meine Perspektive ist dagegen die von Fabrizius, dem Helden Stendhals aus der »Kartause von Parma«, der nichts sieht, nicht versteht, dem die Kugeln nur so um die Ohren fliegen. Selbst Marx ist noch General, das ist offensichtlich, man muss nur einmal sehen, wie er sich über Proudhon äußert, das ist der Generalsblick, er verachtete Proudhon. In der Tat genügt es, sich einmal an die vordersten Linien zu begeben, damit der Blick auf die gesellschaftliche Welt ein grundlegend anderer wird. Natürlich ist die Sicht der Generale nützlich; ideal wäre es, könnte man beides verbinden: den Überblick des Generals und die einzelne Wahrnehmung des gemeinen Soldaten im Getümmel. Theorie und Empirie ist nichts anderes! Meine originellsten theoretischen Gedanken – wenn ich überhaupt theoretische Gedanken habe – sind mir in der Praxis gekommen, beim Codieren eines Fragebogens etwa. Die Kritik der sozialen Klassen, an der ich gegenwärtig arbeite, ist z.B. daraus entstanden, aus der Einsicht in die virtuelle Beliebtheit, Willkür sozialer Klassifikationen. Hätte ich mich mit allgemeinen Aussagen über gesellschaftliche Klassen begnügt, wäre nichts weiter herausgekommen als ein neuerlicher Aufguss von Marx, Weber and so on – vage und geschwätzige Allgemeinheiten.

Sie bekennen sich zu Vorbildern, die Ihre eigenen Arbeiten beeinflusst haben. Drei Namen fallen immer wieder: Karl Marx, Emil Durkheim und Max Weber. Wie sehen Sie Ihr Verhältnis zu dieser »Trinität«?

Dabei handelt es sich um eine eher prophylaktische Trinität; dahinter steckt der Wunsch, mit den Grenzscharmützeln zwischen Marxisten, Durkheimianern usw. in Frieden gelassen zu werden. Die meisten sogenannten theoretischen Auseinandersetzungen sind ja doch eher totemistische Spielereien, Klankämpfe: Mein Totem ist Marx, deins ist Weber. Dem wollte ich auf alle Fälle aus dem Wege gehen. In meiner Arbeit stellen Marx, Weber, Durkheim wesentliche Errungenschaften der Sozialwissenschaft dar. Jeder lebende Soziologe hat irgendwie Marx und Weber im Hinterkopf. Manchmal gibt Weber mehr her als Marx. Die ganze Religionssoziologie von Weber hätte eigentlich Marx machen müssen. Weber steht keineswegs in einem unauflöslichen Gegensatz zu Marx: Er steht für das, was eigentlich Marx hätte machen müssen, wäre er nicht in seiner vereinfachenden Widerspiegelungstheorie gefangen geblieben. Und Durkheim, der wie Weber gegen Marx dachte, hat Unverzichtbares zum Verständnis der magischen Phänomene beigetragen, der Glaubensphänomene, wo Marx, mit Ausnahme seiner Texte zum Fetischcharakter der Ware, sehr schwach ist. In gewisser Weise könnte man sagen: Die *Theorie der Magie* von Marcel Mauss, das ist Marx' korrigierte Theorie des Fetischismus. Das Umgekehrte lässt sich nicht minder sagen; ich habe Marx als Bezugspunkt gewählt, weil das die herrschende Sicht ist; man könnte genauso gut auf Webersche Projekte verweisen, die Marx in der oder jener Anmerkung in der »Deutschen Ideologie« glänzend eingelöst hat. Es handelt sich dabei keineswegs um Eklektizismus, vielmehr um wissenschaftlichen Realismus, in Analogie zum politischen Realismus. Man muss die Autoren auf eine bestimmte Fragestellung hin lesen, um ihnen das Beste abzufordern, das sie geben können.

Sie wurden Ende letzten Jahres an das Collège de France berufen, an das renommierteste Institut Ihres Landes. Das müsste man doch nach Ihrer Auffassung als eine gesellschaftliche »Konsekration«, als eine Anerkennung, ja Weihe Ihrer Lehre betrachten. Sie sind einer der schärfsten Kritiker dieses gesellschaftlichen Mechanismus, dem Sie selbst unterliegen. Wie sehen Sie Ihre weitere Arbeit in dieser neuen Position?

Wissen Sie, es war kein Zufall, dass der Zeitpunkt meiner Berufung ans Collège de France zusammenfiel mit einer umfassenden Arbeit über das, was ich *Konsekrationseffekt* nenne. Außerdem habe ich eine Reihe von Texten über die von mir so bezeichneten Riten der Einsetzung, über gesellschaftliche Anerkennung, kulturelle Weihe usw. veröffentlicht. Warum? Durch die Reflexion auf das, was da auf mich zukommt, wollte ich diesem gegenüber wieder eine bestimmte Freiheit gewinnen. Dieser Punkt ist wichtig. Denn allzu oft werden meine Arbeiten auf eine Weise interpretiert, die mir missfällt, nämlich als deterministisch, wenn nicht gar als fatalistisch. Ich gebe allerdings zu, diese Fehlinterpretation – auch hier urteile ich natürlich von meinem Standpunkt aus, wenn Sie wollen von Vorurteilen aus, die mich ins bessere Licht rücken – selbst zu provozieren: Je mehr gesellschaftliche Mechanismen man aufdeckt, um so mehr Notwendigkeiten rückt man ins Licht. Weil meine Soziologie, so scheint mir, realitätsnäher, präziser ist als andere, stößt sie zwangsläufig auf mehr Bedingungsfaktoren. Und weil die Soziologie der Intellektuellen von Intellektuellen gemacht wird, ist sie auch so schwach entwickelt und Tummelplatz der Berufsideologie der Intellektuellen wie Mannheim u.a. Eine wirkliche Soziologie der Intellektuellen ist eine, die die Determinanten aufdeckt, denen diese unterliegen, aber gegen deren Erkenntnis sie sich – bewusst oder unbewusst – sträuben. In dem Maße, wie ich meine Arbeit auf diese meine Welt, auf mich selbst richte, erwecke ich den Eindruck von Fatalismus. Dabei denke ich allen Ernstes, dass die Intention der Aufdeckung gesellschaftlicher Zwänge emanzipatorisch ist. Das heißt nichts anderes, als dass man – getreu der alten Regel – auf die Welt nur einzuwirken vermag, wenn man sie kennt: Jeder neue Bestimmungsfaktor, der erkannt wird, eröffnet einen weiteren Freiheitsspielraum. Wenn mir vorgeworfen wird, deterministisch oder fatalistisch zu sein, weil ich den Mechanismus der kulturellen Reproduktion nachzeichne, dann erscheint mir das ein wenig, wie wenn man Galilei vorhalten wollte, das Gesetz der Schwerkraft entdeckt zu haben. Nur weil Galilei das Gesetz der Schwerkraft entdeckt hat, sind wir imstande zu fliegen. Ähnliches gilt meiner Überzeugung nach auch für die Gesetze des intellektuellen Feldes: Eine Soziologie des Collège de France zu erarbeiten, sich unter soziologischen Gesichtspunkten zu fragen, was es bedeutet, am Collège de France eine Antrittsvorlesung zu halten, bedeutet in meinen Augen: in dem Augenblick, in dem man den Zwängen unterliegt, auf die Möglichkeit von Freiheit zu verweisen.

Ökonomisches Kapital – Kulturelles Kapital – Soziales Kapital

Die gesellschaftliche Welt ist akkumulierte Geschichte. Sie darf deshalb nicht auf eine Aneinanderreihung von kurzlebigen und mechanischen Gleichgewichtszuständen reduziert werden, in denen die Menschen die Rolle von austauschbaren Teilchen spielen. Um einer derartigen Reduktion zu entgehen, ist es wichtig, den Kapitalbegriff wieder einzuführen, und mit ihm das Konzept der Kapitalakkumulation mit allen seinen Implikationen. Kapital ist akkumulierte Arbeit, entweder in Form von Material oder in verinnerlichter, »inkorporierter« Form. Wird Kapital von einzelnen Aktoren oder Gruppen privat und exklusiv angeeignet, so wird dadurch auch die Aneignung sozialer Energie in Form von verdinglichter oder lebendiger Arbeit möglich. Als vis insita ist Kapital eine Kraft, die den objektiven und subjektiven Strukturen innewohnt; gleichzeitig ist das Kapital – als lex insita – auch grundlegendes Prinzip der inneren Regelmäßigkeiten der sozialen Welt. Auf das Kapital ist es zurückzuführen, dass die Wechselspiele des gesellschaftlichen Lebens, insbesondere des Wirtschaftslebens, nicht wie einfache Glücksspiele verlaufen, in denen jederzeit eine Überraschung möglich ist: Beim Roulette z.B. kann in kürzester Zeit ein ganzes Vermögen gewonnen und damit gewissermaßen in einem einzigen Augenblick ein neuer sozialer Status erlangt werden; im nächsten Augenblick kann dieser Gewinn aber bereits wieder aufs Spiel gesetzt und vernichtet werden. Das Roulette entspricht ziemlich genau dem Bild eines Universums vollkommener Konkurrenz und Chancengleichheit, einer Welt ohne Trägheit, ohne Akkumulation und ohne Vererbung von erworbenen Besitztümern und Eigenschaften. Jeder Augenblick wäre dort vollkommen unabhängig von allen vorausgegangenen, jeder Soldat trüge dort den Marschallstab im Tornister und jeder könnte dort unverzüglich jedes Ziel verwirklichen, sodass jedermann zu jeder Zeit alles werden könnte. Aber die Akkumulation von Kapital, ob nun in objektivierter oder verinnerlichter Form, braucht Zeit. Dem Kapital wohnt eine Überlebenstendenz inne; es kann ebenso Profite produzieren wie sich selbst reproduzieren oder auch wachsen. Das Kapital ist eine der Objektivität der Dinge innewohnende Kraft, die dafür sorgt, dass nicht alles gleich möglich oder gleich unmöglich ist.[1] Die zu einem bestimmten Zeitpunkt gegebene Verteilungsstruktur verschiedener Arten und Unterarten von Kapital entspricht der immanenten Struktur der gesellschaftlichen Welt, d.h. der Gesamtheit der ihr innewohnenden Zwänge, durch die das dauerhafte Funktionieren der gesellschaftlichen Wirklichkeit bestimmt und über die Erfolgschancen der Praxis[2] entschieden wird.

Es ist nur möglich, der Struktur und dem Funktionieren der gesellschaftlichen Welt gerecht zu werden, wenn man den Begriff des *Kapitals in allen seinen Erscheinungsformen* einführt, nicht nur in der aus der Wirtschaftstheorie bekannten Form. Die Wirtschaftstheorie hat sich nämlich ihren Kapitalbegriff von einer ökonomischen Praxis aufzwingen lassen, die eine historische Erfindung des Kapitalismus ist. Dieser wirtschaftswissenschaftliche Kapitalbegriff reduziert die Gesamtheit der gesellschaftlichen Austauschverhältnisse auf den bloßen Warenaustausch, der objektiv und subjektiv auf Profitmaximierung ausgerichtet und vom (ökonomischen) *Eigennutz* geleitet ist. Damit erklärt die Wirtschaftstheorie implizit alle anderen Formen sozialen Austausches zu nicht-ökonomischen, *uneigennützigen* Beziehungen. Denn wer den Begriff des Eigennutzes im engen wirtschaftswissenschaftlichen Sinne gebraucht, ist auch zur Verwendung des Komplementärbegriffs der Uneigennützigkeit gezwungen: Man kann nicht die Welt des »Bourgeois« mit seiner doppelten Buchführung erfinden, ohne gleichzeitig die Vorstellung vom reinen und vollkommenen Universum des Künstlers und Intellektuellen mitzuschaffen, wo das »L'art pour l'art« und die reine Theorie uneigennützig regieren. Mit anderen Worten, die Wirtschaftswissenschaft ist zu einer Wissenschaft von den Marktbeziehungen geworden, die in dem Maße, wie sie von den Grundlagen ihres eigenen Gegenstandsbereichs – dem Privateigentum, dem Profit, der Lohnarbeit usw. – abstrahiert, nicht einmal das Gesamtgebiet der ökonomischen Produktion abdeckt. Mit der Begründung einer derartig engen Wirtschaftswissenschaft wurde zugleich das Entstehen einer *allgemeinen Wissenschaft von der Ökonomie der Praxis* verhindert, die den Warenaustausch lediglich als speziellen Fall unter mehreren möglichen Formen von sozialem Austausch behandelt.

Es ist bemerkenswert, dass gerade diejenigen Intellektuellen und künstlerischen Praktiken und Güter dem »kalten Hauch« des egoistischen Kalküls (und der Wissenschaft) entzogen wurden, die ein Quasi-Monopol der Angehörigen der herrschenden Klasse sind. Man könnte sagen, dass der Ökonomismus nur deshalb nicht alles auf die Ökonomie reduzieren konnte, weil dieser Wissenschaft selbst immer schon eine Reduktion zugrunde liegt: Sie verschont alle die Bereiche, die als sakrosankt gelten sollen. Wenn nämlich der Wirtschaft nur die am unmittelbar ökonomischen Nutzenkalkül ausgerichteten Praktiken und die direkt und unmittelbar in Geld umsetzbaren (und damit »quantifizierbaren«) Güter zugerechnet werden, dann erscheint in der Tat die Gesamtheit der bürgerlichen Produktion und Austauschbeziehungen als von der Wirtschaft ausgenommen; sie kann sich dann als eine Sphäre der Uneigennützigkeit begreifen und darstellen.

Wie aber jedermann weiß, haben auch scheinbar unverkäufliche Dinge ihren Preis. Sie lassen sich nur deshalb so schwer in Geld umsetzen, weil sie mit der Absicht einer ausdrücklichen *Verneinung des Ökonomischen* hergestellt werden. Man sieht also, eine wirklich allgemeine Wissenschaft von der ökonomischen Praxis muss in der Lage sein, auch alle die Praxisformen miteinzubeziehen, die zwar objektiv ökonomischen Charakter tragen, aber als solche im gesellschaftlichen Leben nicht erkannt werden und auch nicht erkennbar sind. Sie verwirklichen sich nur aufgrund eines erheblichen Aufwandes an Verschleierung oder, besser, *Euphemisierung.* Eine allgemeine ökonomische Praxiswissenschaft muss sich deshalb bemühen, das Kapital und den Profit in allen ihren Erscheinungsformen zu erfassen und die Gesetze zu bestimmen, nach denen die verschiedenen Arten von Kapital (oder, was auf dasselbe herauskommt, die verschiedenen Arten von Macht) gegenseitig ineinander transformiert werden.

Das Kapital kann auf drei grundlegende Arten auftreten. In welcher Gestalt es jeweils erscheint, hängt von dem jeweiligen Anwendungsbereich sowie den mehr oder weniger hohen Transformationskosten ab, die Voraussetzung für sein wirksames Auftreten sind: Das *ökonomische Kapital* ist unmittelbar und direkt in Geld konvertierbar und eignet sich besonders zur Institutionalisierung in der Form des Eigentumsrechts; das *kulturelle Kapital* ist unter bestimmten Voraussetzungen in ökonomisches Kapital konvertierbar und eignet sich besonders zur Institutionalisierung in Form von schulischen Titeln; das *soziale Kapital,* das Kapital an sozialen Verpflichtungen oder »Beziehungen«, ist unter bestimmten Voraussetzungen ebenfalls in ökonomisches Kapital konvertierbar und eignet sich besonders zur Institutionalisierung in Form von Adelstiteln.

1. Das kulturelle Kapital

Das kulturelle Kapital kann in drei Formen existieren: (1.) in verinnerlichtem, *inkorporiertem Zustand*, in Form von dauerhaften Dispositionen des Organismus, (2.) in *objektiviertem Zustand*, in Form von kulturellen Gütern, Bildern, Büchern, Lexika, Instrumenten oder Maschinen, in denen bestimmte Theorien und deren Kritiken, Problematiken usw. Spuren hinterlassen oder sich verwirklicht haben, und schließlich (3.) in *institutionalisiertem Zustand*, einer Form von Objektivation, die deswegen gesondert behandelt werden muss, weil sie – wie man beim schulischen Titel sieht – dem kulturellen Kapital, das sie ja garantieren soll, ganz einmalige Eigenschaften verleiht.

Der etwas apodiktische Eindruck, den mein »Axiomatisierungsversuch« machen könnte, soll nicht täuschen:[3] Der Begriff des kulturellen Kapitals hat sich mir bei der Forschungsarbeit als theoretische Hypothese angeboten, die es gestattete, die Ungleichheit der schulischen Leistungen von Kindern aus verschiedenen sozialen Klassen zu begreifen. Dabei wurde der »Schulerfolg«, d.h. der spezifische Profit, den die Kinder aus verschiedenen sozialen Klassen und Klassenfraktionen auf dem schulischen Markt erlangen können, auf die Verteilung des kulturellen Kapitals zwischen den Klassen und Klassenfraktionen bezogen. Dieser Ausgangspunkt impliziert einen Bruch mit den Prämissen, die sowohl der landläufigen Betrachtungsweise, derzufolge schulischer Erfolg oder Misserfolg auf die Wirkung natürlicher »Fähigkeiten« zurückgeführt wird, als auch den Theorien vom »Humankapital« zugrunde liegen.

Den Ökonomen der *Humankapital-Schule*[4] kommt das scheinbare Verdienst zu, explizit die Frage aufgeworfen zu haben, in welchem Verhältnis die durch Erziehungsinvestition und durch ökonomische Investition generierten Profitraten zueinander stehen und wie dieses Verhältnis sich entwickelt. Allerdings bezieht das von ihnen benutzte Maß für den Ertrag schulischer Investition nur solche Investitionen und Profite ein, die sich in Geld ausdrücken oder direkt konvertieren lassen, wie die Studienkosten oder das finanzielle Äquivalent für die zum Studium verwendete Zeit. Außerdem können sie die relative Bedeutung nicht verständlich machen, die die unterschiedlichen Aktoren und Klassen der ökonomischen und der kulturellen Investition jeweils beimessen; denn sie stellen die *Struktur* der unterschiedlichen Profitchancen nicht systematisch in Rechnung, die die verschiedenen Märkte aufgrund der Größe und Struktur ihres jeweiligen Einzugsbereiches zu bieten haben. Des Weiteren stellen sie die schulischen Investitionsstrategien nicht in einen Gesamtzusammenhang mit den anderen Erziehungsstrategien und dem System der Reproduktionsstrategien. Daraus ergibt sich das unausweichliche Paradoxon, dass die Humankapital-Theoretiker sich selbst dazu verdammen, die am besten verborgene und sozial wirksamste Erziehungsinvestition unberücksichtigt zu lassen, nämlich die *Transmission kulturellen Kapitals in der Familie.* Ihre Fragen nach dem Zusammenhang zwischen Bildungs-»Fähigkeit« und Bildungsinvestition zeigen, dass sie die Tatsache übersehen, dass »Fähigkeit« oder »Begabung« auch das Produkt einer Investition von Zeit und kulturellem Kapital ist.[5] Und da es darum geht, die Profite der schulischen Investition zu ermitteln, so versteht man, dass sie nur nach der Rentabilität der Erziehungsausgaben für die »Gesellschaft« als Ganze[6] oder dem Beitrag der Erziehung zur »nationalen Produktivität«[7] fragen können. Diese typisch funktionalistische Definition der Erziehungsfunktionen ignoriert den Beitrag, den das Erziehungssystem zur Reproduktion der Sozialstruktur leistet, indem es die Vererbung von kulturellem Kapital sanktioniert. Eine derartige Definition von »Humankapital« kann, trotz ihrer »humanistischen« Konnotationen, dem Ökonomismus nicht entkommen. Sie übersieht u.a., dass der schulische Ertrag schulischen Handelns vom kulturellen Kapital abhängt, das die Familie zuvor investiert hat, und dass der ökonomische und soziale Ertrag des schulischen Titels von dem ebenfalls ererbten sozialen Kapital abhängt, das zu seiner Unterstützung zum Einsatz gebracht werden kann.

a) Inkorporiertes Kulturkapital
Die meisten Eigenschaften des kulturellen Kapitals lassen sich aus der Tatsache herleiten, dass es grundsätzlich körpergebunden ist und Verinnerlichung (incorporation) voraussetzt. Die Akkumulation von Kultur in korporiertem Zustand – also in der Form, die man auf französisch »culture«, auf deutsch »Bildung«, auf englisch »cultivation« nennt – setzt einen Verinnerlichungsprozess voraus, der in dem Maße, wie er Unterrichts- und Lernzeit erfordert, Zeit kostet. Die Zeit muss vom Investor persönlich investiert werden: Genau wie wenn man sich eine sichtbare Muskulatur oder eine gebräunte Haut zulegt, so lässt sich auch die Inkorporation von Bildungskapital nicht durch eine fremde Person vollziehen. Das Delegationsprinzip ist hier ausgeschlossen.

Wer am Erwerb von Bildung arbeitet, arbeitet an sich selbst, er »bildet sich«. Das setzt voraus, dass man »mit seiner Person bezahlt«, wie man im Französischen sagt. Das heißt, man investiert vor allen Dingen Zeit, aber auch eine Form von sozial konstituierter Libido, die *libido sciendi,* die alle möglichen Entbehrungen, Versagungen und Opfer mit sich bringen kann. Daraus folgt, dass von allen Maßen für kulturelles Kapital diejenigen am wenigsten ungenau sind, die die *Dauer des Bildungserwerbs* zum Maßstab nehmen – selbstverständlich unter der Voraussetzung, dass dabei keine Reduktion auf die bloße Dauer des Schulbesuches vorgenommen wird. Auch die Primärerziehung in der Familie muss in Rechnung gestellt werden, und zwar je nach dem Abstand zu den Erfordernissen des schulischen Marktes entweder als positiver Wert, als gewonnene Zeit und Vorsprung, oder als negativer Faktor, als *doppelt* verlorene Zeit, weil zur *Korrektur* der negativen Folgen nochmals Zeit eingesetzt werden muss.[8]

Inkorporiertes Kapital ist ein Besitztum, das zu einem festen Bestandteil der »Person«, zum Habitus geworden ist; aus »Haben« ist »Sein« geworden. Inkorporiertes und damit verinnerlichtes Kapital kann deshalb (im Unterschied zu Geld, Besitz- oder sogar Adelstiteln) nicht durch Schenkung, Vererbung, Kauf oder Tausch *kurzfristig* weitergegeben werden. Daraus folgt, dass die Nutzung oder Ausbeutung kulturellen Kapitals sich für die Eigner ökonomischen oder sozialen Kapitals als besonders problematisch erweist. Ob es sich nun um private Mäzene handelt oder, im Gegenteil, um Unternehmer, die ein »Kaderpersonal« mit spezifischen kulturellen Kompetenzen beschäftigen (von den neuen Staatsmäzenen ganz zu schweigen), immer stellt sich folgendes Problem: Wie lässt sich diese so eng an die Person gebundene Kapitalform kaufen, ohne die Person selbst zu kaufen – denn das würde zum Verlust des Legitimationseffekts führen, der auf der Verschleierung von Abhängigkeiten beruht? Wie ist die für bestimmte Unternehmen erforderliche Konzentration von kulturellem Kapital zu bewerkstelligen, ohne zugleich eine Konzentration der Träger dieses Kapitals herbeizuführen, was vielerlei unerwünschte Folgen haben könnte?

Die Inkorporierung von kulturellem Kapital kann sich – je nach Epoche, Gesellschaft und sozialer Klasse in unterschiedlich starkem Maße – ohne ausdrücklich geplante

Erziehungsmaßnahmen, also völlig unbewusst vollziehen. Verkörpertes Kulturkapital bleibt immer von den Umständen seiner ersten Aneignung geprägt. Sie hinterlassen mehr oder weniger sichtbare Spuren, z.B. die typische Sprechweise einer Klasse oder Region. Dadurch wird auch der jeweilige Wert eines kulturellen Kapitals mitbestimmt, denn über die Aufnahmefähigkeit eines einzelnen Aktors hinaus kann es ja nicht akkumuliert werden. Es vergeht und stirbt, wie sein Träger stirbt und sein Gedächtnis, seine biologischen Fähigkeiten usw. verliert. Das heißt, das kulturelle Kapital ist auf vielfältige Weise mit der Person in ihrer biologischen Einzigartigkeit verbunden und wird auf dem Wege der sozialen Vererbung weitergegeben, was freilich immer im Verborgenen geschieht und häufig ganz unsichtbar bleibt. Weil die sozialen Bedingungen der Weitergabe und des Erwerbs von kulturellem Kapital viel verborgener sind, als dies beim ökonomischen Kapital der Fall ist, wird es leicht als bloßes symbolisches Kapital aufgefasst; d.h., seine wahre Natur als Kapital wird verkannt, und es wird stattdessen als legitime Fähigkeit oder Autorität anerkannt, die auf allen den Märkten (z.B. dem Heiratsmarkt) zum Tragen kommt, wo das ökonomische Kapital keine volle Anerkennung findet. Des Weiteren ergibt sich aus dieser wahrhaft »symbolischen Logik«, dass der Besitz eines großen kulturellen Kapitals als »etwas besonderes« aufgefasst wird und deshalb zur Basis für weitere materielle und symbolische Profite wird: Wer über eine bestimmte Kulturkompetenz verfügt, z.B. über die Fähigkeit des Lesens in einer Welt von Analphabeten, gewinnt aufgrund seiner Position in der Verteilungsstruktur des kulturellen Kapitals einen *Seltenheitswert,* aus dem sich Extraprofite ziehen lassen. Das heißt, derjenige Teil des Profits, der in unserer Gesellschaft aus dem Seltenheitswert bestimmter Formen von kulturellem Kapital erwächst, ist letzten Endes darauf zurückzuführen, dass nicht alle Individuen über die ökonomischen und kulturellen Mittel verfügen, die es ihnen ermöglichen, die Bildung ihrer Kinder über das Minimum hinaus zu verlängern, das zu einem gegebenen Zeitpunkt für die Reproduktion der Arbeitskraft mit dem geringsten Marktwert erforderlich ist.[9] Die ungleiche Verteilung von Kapital, also die *Struktur des gesamten Feldes,* bildet somit die Grundlage für die spezifischen Wirkungen von Kapital, nämlich die Fähigkeit zur Aneignung von Profiten und zur Durchsetzung von Spielregeln, die für das Kapital und seine Reproduktion so günstig wie möglich sind.

Die stärkste Grundlage für die symbolische Wirksamkeit von kulturellem Kapital ergibt sich aber zweifellos aus der Logik seiner Übertragung. Einerseits ist der Prozess der Aneignung von objektiviertem kulturellem Kapital (also: die dafür erforderliche Zeit) bekanntlich in erster Linie von dem in der gesamten Familie verkörperten kulturellen Kapital abhängig; andererseits ist aber auch bekannt, dass die Akkumulation kulturellen Kapitals von frühester Kindheit an – die Voraussetzung zur schnellen und mühelosen Aneignung jeglicher Art von nützlichen Fähigkeiten – ohne Verzögerung und Zeitverlust nur in Familien stattfindet, die über ein so starkes Kulturkapital verfügen, dass die gesamte Zeit der Sozialisation zugleich eine Zeit der Akkumulation ist. Daraus folgt, dass die Übertragung von Kulturkapital zweifellos die am besten verschleierte Form erblicher Übertragung von Kapital ist. Deshalb gewinnt sie in dem System der Reproduktionsstrategien von Kapital um so mehr an Gewicht, je mehr die direkten und sichtbaren Formen der Übertragung sozial missbilligt und kontrolliert werden.

Es ist unmittelbar ersichtlich, dass die zum Erwerb erforderliche Zeit das Bindeglied zwischen ökonomischem und kulturellem Kapital darstellt. Unterschiedliches Kulturkapital in der Familie führt zunächst zu Unterschieden beim Zeitpunkt des Beginns des Übertragungs- und Akkumulationsprozesses, sodann zu Unterschieden in der Fähigkeit, den im eigentlichen Sinne kulturellen Anforderungen eines lang andauernden Aneignungsprozesses gerecht zu werden. In engem Zusammenhang damit steht außerdem die Tatsache, dass ein Individuum die Zeit für die Akkumulation von kulturellem Kapital nur so lange ausdehnen kann, wie ihm seine Familie freie, von ökonomischen Zwängen befreite Zeit garantieren kann.

b) Objektiviertes Kulturkapital

Das objektivierte Kulturkapital hat eine Reihe von Eigenschaften, die sich nur durch seine Beziehung zum inkorporierten, verinnerlichten Kulturkapital bestimmen lassen. Kulturelles Kapital ist materiell übertragbar, auf dem Wege über seine materiellen Träger (z.B. Schriften, Gemälde, Denkmäler, Instrumente usw.). Eine Gemäldesammlung etwa lässt sich ebenso gut übertragen wie ökonomisches Kapital – wenn nicht sogar besser, weil sie sich leichter verbergen lässt. Übertragbar ist allerdings nur das juristische Eigentum. Dagegen ist dasjenige Merkmal, das die eigentliche Aneignung erst ermöglicht, nicht (oder nicht notwendigerweise) übertragbar: nämlich die Verfügung über kulturelle Fähigkeiten, die den Genuss eines Gemäldes oder den Gebrauch einer Maschine erst ermöglichen; diese kulturellen Fähigkeiten sind nichts anderes als inkorporiertes Kulturkapital, für das die zuvor dargestellten Übertragungsregeln gelten.

Kulturelle Güter können somit entweder zum Gegenstand materieller Aneignung werden; dies setzt ökonomisches Kapital voraus. Oder sie können symbolisch angeeignet werden, was inkorporiertes Kulturkapital voraussetzt. Daraus folgt, dass der Eigentümer von Produktionsmitteln einen Weg finden muss, entweder selbst das für deren spezifische Aneignung und Nutzung erforderliche inkorporierte Kulturkapital zu erwerben oder sich die Dienste der Inhaber dieses kulturellen Kapitals verfügbar zu machen. Mit anderen Worten, um Maschinen zu besitzen, genügt ökonomisches Kapital; das ihnen anhaftende wissenschaftlich-technische Kulturkapital bestimmt jedoch ihre spezifische Zwecksetzung; sie können deshalb nur angeeignet und angemessen genutzt werden, wenn der Produktionsmittelbesitzer entweder selbst über das erforderlich verinnerlichte Kapital verfügt oder es sich dienstbar zu machen vermag. Zweifellos ist dies die Grundlage für den ambivalenten Status der so genannten Kaderkräfte: Aus der Tatsache, dass sie in streng ökonomischem Sinne nicht die Eigentümer der Produktionsmittel sind, die sie benützen, und dass sie von ihrem inkorporierten Kulturkapital nur profitieren können, indem sie es – in Gestalt von Dienstleistungen oder Produkten – an die Produktionsmitteleigentümer verkaufen, ergibt sich einerseits, dass sie der Gruppe der Beherrschten zuzurechnen sind; hebt man andererseits die Tatsache hervor, dass sie ihre Profite aus der Anwendung einer spezifischen Form von Kapital ziehen, so muss man sie zur Gruppe der Herrschenden zählen. Alles scheint somit darauf hinzudeuten, dass die *kollektive* Macht der Inhaber von Kulturkapital – und damit auch die für seine Beherrschung erforderliche Qualifikationszeit – zunimmt. Dem steht allerdings entgegen, dass die Inhaber von ökonomischem Kapital (als der dominierenden Kapitalform) die Inhaber von kulturellem Kapital in eine Konkurrenzsituation bringen können; das fällt umso leichter, als letztere aufgrund der von ihnen erfahrenen Ausbildungs- und Auslesebedingungen (und insbesondere der Wettbewerbslogik in der Schule und bei Prüfungen) ohnehin zum Konkurrenzverhalten neigen.

Die Erscheinungsform von kulturellem Kapital in objektiviertem Zustand ist die eines autonomen und kohärenten Ganzen, das – obwohl es das Produkt historischen Handelns ist – seinen eigenen Gesetzen gehorcht, die dem individuellen Willen entzogen sind. Es lässt sich deshalb, wie etwa das Beispiel der Sprache zeigt, nicht auf das inkorporierte Kulturkapital der einzelnen Handelnden – oder auch der Gesamtheit aller Handelnden – reduzieren. Dabei darf freilich nicht vergessen werden, dass das objektivierte Kulturkapital als materiell und symbolisch aktives und handelndes Kapital nur fortbesteht, sofern es von Handelnden angeeignet und in Auseinandersetzungen als Waffe und als Einsatz verwendet wird. Ort dieser Auseinandersetzung ist das Feld der kulturellen Produktion (Kunst, Wissenschaft usw.) und, darüber hinaus, das Feld der sozialen Klassen. Dort setzen die Handelnden ihre Kräfte ein und erhalten Profite, die dem Grad ihrer Fähigkeiten zur Beherrschung objektivierten Kulturkapitals (also: ihrem inkorporierten Kulturkapital) entsprechen.[10]

c) Institutionalisiertes Kulturkapital

Inkorporiertes Kulturkapital ist den gleichen biologischen Grenzen unterworfen wie seine jeweiligen Inhaber. Die Objektivierung von inkorporiertem Kulturkapital in Form von Titeln ist ein Verfahren, mit dem dieser Mangel ausgeglichen wird: Titel schaffen einen Unterschied zwischen dem kulturellen Kapital des Autodidakten, das ständig unter Beweiszwang steht, und dem kulturellen Kapital, das durch Titel schulisch sanktioniert und rechtlich garantiert ist, die (formell) unabhängig von der Person ihres Trägers gelten. Der schulische Titel ist ein Zeugnis für kulturelle Kompetenz, das seinem Inhaber einen dauerhaften und rechtlich garantierten konventionellen Wert überträgt. Die Alchimie des gesellschaftlichen Lebens hat daraus eine Form von kulturellem Kapital geschaffen, dessen Geltung nicht nur relativ unabhängig von der Person seines Trägers ist, sondern auch von dem kulturellen Kapital, das dieser tatsächlich zu einem gegebenen Zeitpunkt besitzt: Durch kollektive Magie wird das kulturelle Kapital ebenso institutionalisiert wie, nach Merleau-Ponty, die Lebenden ihre Toten mithilfe von Trauerriten »institutionalisieren«. Man denke nur an die Prüfungsform des »concours«,[11] die aus einem Kontinuum von minimalen Leistungsunterschieden dauerhafte, brutale Diskontinuitäten produziert. Nach dem Alles-oder-Nichts-Prinzip wird zwischen dem letzten erfolgreichen und dem ersten durchgefallenen Prüfling ein wesensmäßiger Unterschied institutionalisiert, der die offiziell anerkannte und garantierte Kompetenz vom einfachen Kulturkapital scheidet, das unter ständigem Beweiszwang steht. In diesem Fall sieht man deutlich, welche schöpferische Magie sich mit dieser institutionalisierten Macht verbindet, der Macht, Menschen zu veranlassen, etwas zu sehen und zu glauben oder mit einem Wort, etwas anzuerkennen.

Durch den schulischen oder akademischen Titel wird dem von einer bestimmten Person besessenen Kulturkapital institutionelle Anerkennung verliehen. Damit wird es u.a. möglich, die Besitzer derartiger Titel zu vergleichen und sogar auszutauschen, indem sie füreinander die *Nachfolge* antreten. Durch die Bestimmung des Geldwertes, der für den Erwerb eines bestimmten schulischen Titels erforderlich ist, lässt sich sogar ein »Wechselkurs« ermitteln, der die *Konvertibilität* zwischen kulturellem und ökonomischem Kapital garantiert. Weil der Titel das Produkt einer Umwandlung von ökonomischem in kulturelles Kapital ist, ist die Bestimmung des kulturellen Wertes eines Titelinhabers im Vergleich zu anderen unauflöslich mit dem Geldwert verbunden, für den er auf dem Arbeitsmarkt getauscht werden kann; denn die Bildungsinvestition hat nur Sinn, wenn die Umkehrbarkeit der ursprünglichen Umwandlung von ökonomischem in kulturelles Kapital zumindest teilweise objektiv garantiert ist. Da aber die materiellen und symbolischen Profite, die der schulische Titel garantiert, auch von dessen Seltenheitswert abhängen, kann es vorkommen, dass die Investitionen an Zeit und Anstrengung sich als weniger rentabel herausstellen, als bei ihrer ursprünglichen Verausgabung erwartet werden konnte. In diesem Falle hat sich der Wechselkurs zwischen kulturellem und ökonomischem Kapital de facto verändert. Die Rückumwandlungsstrategien von ökonomischem in kulturelles Kapital gehören zu den veränderlichen Faktoren, die die Bildungsexplosion und die Titelinflation beeinflusst haben. Sie werden von der Struktur der Profitchancen bestimmt, die für die unterschiedlichen Kapitalformen jeweils gilt.

2. Das soziale Kapital

Das Sozialkapital ist die Gesamtheit der aktuellen und potenziellen Ressourcen, die mit dem Besitz eines dauerhaften Netzes von mehr oder weniger institutionalisierten *Beziehungen* gegenseitigen Kennens oder Anerkennens verbunden sind; oder, anders ausgedrückt, es handelt sich dabei um Ressourcen, die auf der *Zugehörigkeit zu einer Gruppe* beruhen.[12] Das Gesamt-Kapital, das die einzelnen Gruppenmitglieder besitzen, dient ihnen allen gemeinsam als Sicherheit und verleiht ihnen – im weitesten Sinne des Wortes – *Kreditwürdigkeit.* Sozialkapitalbeziehungen können nur in der Praxis auf der Grundlage von materiellen und/oder symbolischen Tauschbeziehungen existieren, zu deren Aufrechterhaltung sie beitragen. Sie können auch gesellschaftlich institutionalisiert und garantiert werden, und zwar sowohl durch die Übernahme eines gemeinsamen Namens, der die Zugehörigkeit zu einer Familie, einer Klasse, einem Stamm oder auch einer Schule, einer Partei usw. kennzeichnet, als auch durch eine Vielzahl anderer *Institutionalisierungsakte,* die die davon Betroffenen gleichzeitig prägen und über das Vorliegen eines Sozialkapitalverhältnisses informieren. Dieses nimmt dadurch eine quasi-reale Existenz an, die durch Austauschbeziehungen am Leben erhalten und verstärkt wird. Bei den Austauschbeziehungen, auf denen das Sozialkapital beruht, sind materielle und symbolische Aspekte untrennbar verknüpft. Sie können nur in Gang gebracht und aufrechterhalten werden, wenn diese Verknüpfung erkennbar bleibt. Deshalb lassen sie sich niemals ganz auf Beziehungen objektiver physischer (geographischer) oder auch ökonomischer und sozialer Nähe reduzieren.[13]

Der Umfang des Sozialkapitals, das der Einzelne besitzt, hängt demnach sowohl von der Ausdehnung des Netzes von Beziehungen ab, die er tatsächlich mobilisieren kann, als auch von dem Umfang des (ökonomischen, kulturellen oder symbolischen) Kapitals, das diejenigen besitzen, mit denen er in Beziehung steht.[14] Obwohl also das Sozialkapital nicht unmittelbar auf das ökonomische und kulturelle Kapital eines bestimmten Individuums oder auch der Gesamtheit derer, die mit ihm verbunden sind, reduziert werden kann, ist es doch niemals völlig unabhängig davon; denn die in den Tauschbeziehungen institutionalisierte gegenseitige Anerkennung setzt das Anerkennen eines Minimums von »objektiver« Homogenität unter den Beteiligten voraus; außerdem übt das Sozialkapital einen Multiplikatoreffekt auf das tatsächlich verfügbare Kapital aus.

Die Profite, die sich aus der Zugehörigkeit zu einer Gruppe ergeben, sind zugleich Grundlage für die Solidarität, die diese Profite ermöglicht.[15] Das bedeutet nicht, dass sie bewusst angestrebt werden – nicht einmal in den Fällen, wo bestimmte Gruppen, z.B. exklusive Klubs, offen darauf ausgerichtet sind, *Sozialkapital zu konzentrieren* und dadurch den Multiplikatoreffekt voll auszunützen, der sich aus dieser Konzentration ergibt. Aus der Zugehörigkeit zu einer derartigen Gruppe ergeben sich materielle Profite, wie etwa die vielfältigen mit nützlichen Beziehungen verbundenen »Gefälligkeiten« und symbolische Profite, die z.B. aus der Mitgliedschaft in einer erlesenen und angesehenen Gruppe entstehen.

Die Existenz eines Beziehungsnetzes ist weder eine natürliche noch eine soziale »Gegebenheit«, die aufgrund eines ursprünglichen Institutionalisierungsaktes ein für alle Mal fortbesteht – man denke etwa im Falle der Familie an die *genealogische* Definition von Verwandtschaftsbeziehungen. Sie ist vielmehr das Produkt einer fortlaufenden Institutionalisierungsarbeit. *Institutionalisierungsriten* – die oft fälschlicherweise als »Initiationsriten« beschrieben werden – kennzeichnen dabei die wesentlichen Momente. Diese Institutionalisierungsarbeit ist notwendig für die Produktion und Reproduktion der dauerhaften und nützlichen Verbindungen, die Zugang zu materiellen oder symbolischen Profiten verschaffen.[16] Anders ausgedrückt, das Beziehungsnetz ist das Produkt individueller oder kollektiver Investitionsstrategien, die bewusst oder unbewusst auf die Schaffung und Erhaltung von Sozialbeziehungen gerichtet sind, die früher oder später einen unmittelbaren Nutzen versprechen. Dabei werden Zufallsbeziehungen, z.B. in der Nachbarschaft, bei der Arbeit oder sogar unter Verwandten, in besonders ausgewählte und notwendige Beziehungen umgewandelt, die dauerhafte Verpflichtungen nach sich ziehen. Diese Verpflichtungen können auf subjektiven Gefühlen (Anerkennung, Respekt, Freundschaft usw.) oder institutionellen Garantien (Rechtsansprüchen) beruhen. Dies ist darauf zurückzuführen, dass bestimmte soziale Institutionen, die einen zum Verwandten (Bruder, Schwester, Cousin), zum Adeligen, zum Erben, zum Ältesten usw. stempeln, eine symbolische Wirklichkeit schaffen, die den *Zauber des Geweihten* in sich trägt. Diese weihevolle Atmosphäre wird durch ständigen Austausch (von Worten, Geschenken, Frauen usw.) reproduziert. Gegenseitiges Kennen und Anerkennen ist zugleich

Voraussetzung und Ergebnis dieses Austausches. Der Austausch macht die ausgetauschten Dinge zu Zeichen der Anerkennung. Mit der gegenseitigen Anerkennung und der damit implizierten Anerkennung der Gruppenzugehörigkeit wird so die Gruppe reproduziert; gleichzeitig werden ihre *Grenzen* bestätigt, d.h. die Grenzen, jenseits derer die für die Gruppe konstitutiven Austauschbeziehungen (Handel, Kommensalität, Heirat) nicht stattfinden können. Jedes Gruppenmitglied wird so zum Wächter über die Gruppengrenzen: Jeder Neuzugang zu der Gruppe kann die Definition der Zugangskriterien in Gefahr bringen, denn jede Form der Mésalliance kann die Gruppe verändern, indem sie die Grenzen des als legitim geltenden Austausches verändert. Deshalb ist es ganz logisch, dass in den meisten Gesellschaften die Vorbereitung und Durchführung von *Heiraten* eine Angelegenheit der betroffenen Gruppe als ganzer ist und nicht nur der unmittelbar beteiligten Individuen; denn mit der Einführung neuer Mitglieder in eine Familie, einen Clan oder einen Klub wird die Definition der ganzen Gruppe mit ihren Grenzen und ihrer Identität aufs Spiel gesetzt und von Neudefinitionen, Veränderungen und Verfälschungen bedroht. Wenn, wie das in unseren Gesellschaften der Fall ist, die Familie ihr Monopol für die Einleitung aller der Kontakte verliert, die zu dauerhaften Bindungen führen – seien sie nun sozial sanktioniert, wie die Ehe, oder nicht –, so kann sie dennoch weiterhin Kontrolle über diese Kontakte ausüben. In vollem Einklang mit der Logik des Laisser-faire kann sie sich aller der Institutionen bedienen, die auf die Forderung legitimer und den Ausschluss illegitimer Kontakte abzielen. Diese Institutionen liefern Anlässe (Rallyes, Kreuzfahrten, Jagden, Bälle, Empfänge usw.), Orte (vornehme Wohngegenden, exklusive Schulen, Clubs usw.) oder Praktiken (vornehme Sportarten, Gesellschaftsspiele, kulturelle Zeremonien usw.). Auf scheinbar zufällige Weise ermöglichen sie so das Zusammentreffen von Individuen, die im Hinblick auf alle für das Leben und Überleben der Gruppe wichtigen Gesichtspunkte so homogen wie möglich sind.

Für die Reproduktion von Sozialkapital ist eine unaufhörliche *Beziehungsarbeit* in Form von ständigen Austauschakten erforderlich, durch die sich die gegenseitige Anerkennung immer wieder neu bestätigt. Bei der Beziehungsarbeit wird Zeit und Geld und damit, direkt oder indirekt, auch ökonomisches Kapital verausgabt. Ein solcher Einsatz ist nur rentabel, ja er ist überhaupt nur denkbar, wenn eine besondere Kompetenz – nämlich die Kenntnis genealogischer Zusammenhänge und reeller Beziehungen sowie die Kunst, sie zu nutzen – in sie investiert wird. Sie ist ebenso fester Bestandteil des Sozialkapitals, wie die (erworbene) Bereitschaft, sich diese Kompetenz anzueignen und zu bewahren.[17] Das ist einer der Gründe, weshalb der Ertrag der für die Akkumulation und Unterhaltung von Sozialkapital erforderlichen Arbeit umso größer ist, je größer dieses Kapital selber ist. Deshalb sind die Träger eines berühmten Familiennamens, der auf ein ererbtes Sozialkapital deutet, in der Lage, alle ihre Gelegenheitsbekanntschaften in dauernde Beziehungen umzuwandeln: Wegen ihres Sozialkapitals sind sie besonders gefragt. Weil sie bekannt sind, lohnt es sich, sie zu kennen. Sie haben es nicht nötig, sich allen ihren »Bekannten« selbst bekannt zu machen, denn es gibt mehr Leute, denen sie bekannt sind, als sie selber kennen. Wenn sie überhaupt einmal Beziehungsarbeit leisten, so ist deren Ertrag deshalb sehr hoch.

In allen Gruppen gibt es mehr oder weniger institutionalisierte Formen der *Delegation.* Dadurch wird es möglich, das gesamte Sozialkapital, aufgrund dessen die Gruppe (Familie, Nation, oder auch Verband oder Partei) existiert, in den Händen eines Einzelnen oder einiger Weniger zu konzentrieren. Der mit der »plena potestas agendi et loquendi« ausgestattete Bevollmächtigte wird beauftragt, die

Gruppe zu *vertreten,* in *ihrem Namen* zu handeln und zu sprechen, und so, aufgrund des allen gehörenden Kapitals, eine Macht auszuüben, die in keinem Verhältnis zu seinem persönlichen Gewicht steht. Auf der elementarsten Institutionalisierungsebene z.B. ist das Familienoberhaupt stillschweigend als die einzige Person anerkannt, die bei allen offiziellen Anlässen im Namen der Familiengruppe spricht. In diesem Falle einer *diffusen Delegation* sind die »Großen« gezwungen, sich persönlich für die Verteilung der Ehre auch von ganz unbedeutenden Gruppenmitgliedern einzusetzen, um die Bedrohung der Gruppenehre abzuwehren. Die Konzentration von sozialem Kapital durch *institutionalisierte Delegation* erlaubt es dagegen, die Folgen individueller Verfehlungen zu begrenzen, indem Verantwortungsbereiche explizit abgegrenzt und die anerkannten Mandatsträger ermächtigt werden, die Gesamtgruppe vor Unehre zu schützen, indem sie kompromittierende Individuen ausschließen oder exkommunizieren.

Um zu verhindern, dass der interne Wettbewerb um das Monopol der legitimen Gruppenrepräsentation die Erhaltung und weitere Akkumulation des Gruppen konstituierenden Kapitals bedroht, müssen die Gruppenmitglieder einerseits regeln, wie man Gruppenmitglied wird, andererseits aber vor allem auch, wie man zum Repräsentanten (Delegierten, Beauftragten, Bevollmächtigten usw.) der gesamten Gruppe wird und damit zugleich über ihr Sozialkapital verfügt. Das Delegationsprinzip hat die paradoxe Eigenschaft, dass der jeweilige Mandatsträger die im Namen einer Gruppe angesammelte Macht auch über, und bis zu einem gewissen Grade gegen diese Gruppe ausüben kann.[18] Die Mechanismen der Delegation und der Repräsentation (sowohl im theatralischen wie im rechtlichen Sinne) tragen somit das Prinzip der *Zweckentfremdung* des mit ihrer Hilfe geschaffenen Sozialkapitals bereits in sich. Denn je größer die Gruppe und je machtloser ihre Mitglieder, desto mehr werden Delegation und Repräsentation zur Voraussetzung für die Konzentration von Sozialkapital – unter anderem deshalb, weil es auf diese Weise für eine Vielzahl von unterschiedlichen und verstreuten Individuen möglich wird, »wie ein Mann zu handeln«, und weil sich so auch die Folgen der Endlichkeit des menschlichen Lebens und der körperlichen Gebundenheit an Raum und Zeit überwinden lassen.

Die Möglichkeit der Zweckentfremdung von Sozialkapital beruht auf der Tatsache, dass eine Gruppe in ihrer Gesamtheit von einer klar abgegrenzten und jedermann deutlich sichtbaren, von allen gekannten und anerkannten Teil-Gemeinschaft *repräsentiert* werden kann, und zwar in jedem Sinne dieses Wortes: von den Nobiles, den »bekannten Leuten«, den Berühmten, die im Namen der Gesamtheit sprechen können, die Gesamtheit repräsentieren und in ihrem Namen auch Herrschaft ausüben. Der Modellfall für diese Art der Repräsentation ist der Adel. Der Adelige ist die zum Individuum gewordene Gruppe. Er trägt den Namen der Gruppe, sie den seinen.[19] Der Name des adeligen Herrn, und die in ihm zum Ausdruck kommende Differenz, ist gleichzeitig der Name der Mitglieder seiner Gruppe, seiner Leibeigenen, aber auch seiner Länder und Schlösser. Potenziell gilt die *Logik der Repräsentation* auch für solche Phänomene wie den »Personenkult« oder die Identifikation von Parteien, Gewerkschaften oder sozialen Bewegungen mit ihrem Führer. Sie läuft darauf hinaus, dass das Zeichen sich an die Stelle des Bezeichneten, der Repräsentant sich an die Stelle der von ihm Repräsentierten setzt. Dies ist zum einen deshalb der Fall, weil sein Hervorragen, seine illustre Person, seine Sichtbarkeit etwas Wesentliches, wenn nicht das Wesentliche seiner Macht ausmachen, einer vollkommen symbolischen Macht, die sich ganz in der Logik des Kennens und Anerkennens bewegt; zum anderen liegt es aber auch daran, dass Repräsentanten – ebenso wie Abzeichen oder Wappen – selbst die ganze Realität von Gruppen sein und erschaffen können, deren wirksame soziale Existenz allein in und durch die Repräsentation besteht.[20]

3. Die Kapitalumwandlungen

Die anderen Kapitalarten können mithilfe von ökonomischem Kapital erworben werden, aber nur um den Preis eines mehr oder weniger großen Aufwandes an *Transformationsarbeit*, die notwendig ist, um die in dem jeweiligen Bereich wirksame Form der Macht zu produzieren. So gibt es z.B. bestimmte Güter und Dienstleistungen, die mithilfe von ökonomischem Kapital ohne Verzögerung und sekundäre Kosten erworben werden können. Es gibt aber auch solche, die nur aufgrund eines sozialen Beziehungs- oder Verpflichtungskapitals erworben werden können. Derartige Beziehungen oder Verpflichtungen können nur dann kurzfristig, zum richtigen Zeitpunkt, eingesetzt werden, wenn sie bereits seit Langem etabliert und lebendig gehalten worden sind, als seien sie ein Selbstzweck. Dies muss außerhalb der Zeit ihrer Nutzung geschehen sein, also um den Preis einer Investition von Beziehungsarbeit, die notwendigerweise langfristig angelegt sein muss; denn die Dauer der verflossenen Zeit ist selbst einer der Faktoren, die dafür sorgen, dass eine einfache und direkte Schuld sich in ein allgemeines Schuldanerkenntnis »ohne Titel und Vertrag« umwandelt – also in Anerkennung.[21]

Man muss somit von der *doppelten* Annahme ausgehen, dass das ökonomische Kapital einerseits allen anderen Kapitalarten zugrunde liegt, dass aber andererseits die transformierten und travestierten Erscheinungsformen des ökonomischen Kapitals niemals ganz auf dieses zurückzuführen sind, weil sie ihre spezifischsten Wirkungen überhaupt nur in dem Maße hervorbringen können, wie sie verbergen (und zwar zu allererst vor ihrem eigenen Inhaber), dass das ökonomische Kapital ihnen zugrunde liegt und insofern, wenn auch nur in letzter Instanz, ihre Wirkungen bestimmt. Es ist nur möglich, das Funktionieren des Kapitals in seiner Logik, die Kapitalumwandlungen und das sie bestimmende Gesetz der Kapitalerhaltung zu verstehen, wenn man zwei einseitige und einander entgegengesetzte Betrachtungsweisen bekämpft: Die eine ist der »Ökonomismus«, der alle Kapitalformen für letztlich auf ökonomisches Kapital reduzierbar hält und deshalb die spezifische Wirksamkeit der anderen Kapitalarten ignoriert; die andere ist der »Semiologismus«, der heute durch den Strukturalismus, den symbolischen Interaktionismus und die Ethnomethodologie vertreten wird. Er reduziert die sozialen Austauschbeziehungen auf Kommunikationsphänomene und ignoriert die brutale Tatsache der universellen Reduzierbarkeit auf die Ökonomie.[22] Entsprechend dem Satz von der Erhaltung der Energie gilt das Prinzip, dass Gewinne auf einem Gebiet notwendigerweise mit Kosten auf einem anderen Gebiet bezahlt werden; in einer »allgemeinen Wissenschaft von der Ökonomie der Praxis« wird deshalb ein Begriff wie *Verschwendung* überflüssig.

Die universelle Wertgrundlage, das Maß aller Äquivalenzen, ist dabei nichts anderes als die *Arbeitszeit im* weitesten Sinne des Wortes. Das durch alle Kapitalumwandlungen hindurch wirkende *Prinzip der Erhaltung sozialer Energie* lässt sich verifizieren, wenn man für jeden gegebenen Fall sowohl die in Form von Kapital akkumulierte Arbeit als auch die Arbeit in Rechnung stellt, die für die Umwandlung von einer Kapitalart in eine andere notwendig ist.

Wir haben bereits gesehen, dass beispielsweise die Umwandlung von ökonomischem in soziales Kapital eine spezifische Arbeit voraussetzt. Dabei handelt es sich um eine scheinbar kostenlose Verausgabung von Zeit, Aufmerksamkeit, Sorge und Mühe. Die Austauschbeziehung verliert dadurch ihre rein monetäre Bedeutung, was sich z.B. an dem Bemühen um die »persönliche« Gestaltung eines Geschenkes zeigen lässt. Gleichzeitig wird dadurch der Sinn der Austauschbeziehung selbst verändert, die aus einem engen »ökonomischen« Blickwinkel als reine Verschwendung erscheinen muss, während sie im Rahmen der umfassenden Logik des sozialen Austausches eine sichere Investition darstellt, deren Profite über kurz oder lang in monetärer oder anderer Gestalt wahrgenommen werden können. Gleiches gilt bei der Umwandlung von ökonomischem in kulturelles Kapital. Das beste Maß für kulturelles Kapital ist zweifellos die Dauer der für seinen Erwerb aufgewendeten Zeit. Das heißt, die Umwandlung von ökonomischem in kulturelles Kapital setzt einen Aufwand an Zeit voraus, der durch die Verfügung über ökonomisches Kapital ermöglicht wird. Oder, genauer gesagt, das kulturelle Kapital, das in Wirklichkeit ja in der Familie weitergegeben wird, hängt nicht nur von der Bedeutung des in der häuslichen Gemeinschaft verfügbaren kulturellen Kapitals ab, das nur um den Preis der Verausgabung von Zeit akkumuliert werden konnte, es hängt vielmehr auch davon ab, wie viel nutzbare Zeit (vor allem in Form von freier Zeit der Mutter) in der Familie zur Verfügung steht, um die Weitergabe des Kulturkapitals zu ermöglichen und einen verzögerten Eintritt in den Arbeitsmarkt zu gestatten. Das in der Familie verfügbare ökonomische Kapital spielt dabei eine entscheidende Rolle. Der so ermöglichte spätere Eintritt in den Arbeitsmarkt gestattet den Erwerb von schulischer Bildung und Ausbildung – ein Kredit, dessen Ertrag nicht, oder jedenfalls nur auf lange Frist garantiert ist.[23]

Die Tatsache der gegenseitigen Konvertierbarkeit der verschiedenen Kapitalarten ist der Ausgangspunkt für Strategien, die die Reproduktion des Kapitals (und der Position im sozialen Raum) mithilfe möglichst geringer Kapitalumwandlungskosten (Umwandlungsarbeit und inhärente Umwandlungsverluste) erreichen möchten. Die unterschiedlichen Kapitalarten unterscheiden sich nach ihrer Reproduzierbarkeit, also danach, wie leicht sie sich übertragen lassen. Dabei geht es zum einen um das Ausmaß der bei der Kapitalübertragung auftretenden Schwundquote, zum anderen darum, in welchem Maße sich die Kapitalübertragung verschleiern lässt; das Schwundrisiko und die Verschleierungskosten haben die Tendenz, mit entgegengesetzten Vorzeichen zu variieren. Alles, was zur Verschleierung des Ökonomischen beiträgt, trägt auch zur Erhöhung des Schwundrisikos bei, insbesondere bei der Kapitalübertragung zwischen den Generationen. Die auf den ersten Blick gegebene scheinbare Unvereinbarkeit der verschiedenen Kapitalarten trägt deshalb ein beträchtliches Maß an Unsicherheit in alle Transaktionen zwischen Inhabern unterschiedlicher Kapitalarten hinein. Ebenso verhält es sich auch bei dem Sozialkapital, bei dem es sich ja um ein Kapital von langfristig nützlichen Verpflichtungen handelt, das durch gegenseitige Geschenke, Gefälligkeiten, Besuche u.ä. produziert und reproduziert wird – durch Tauschbeziehungen also, die Kalküle und Garantien explizit ausschließen und damit das Risiko der »Undankbarkeit« heraufbeschwören; denn es besteht immer die Gefahr, dass die Anerkennung einer Schuldverpflichtung, die angeblich aus einer derartigen vertragslosen Austauschbeziehung entstanden ist, verweigert wird. Ebenso steht auch dem für die Transmission von Kulturkapital charakteristischen hohen Maß an Verschleierung nicht nur das inhärente Schwundrisiko gegenüber, sondern auch die Tatsache, dass der *schulische Titel* die institutionalisierte Form von Bildungskapital darstellt. Er ist nicht übertragbar (wie der Adelstitel) und nicht käuflich (wie der Börsentitel). Genauer gesagt, die Übertragung von kulturellem Kapital vollzieht sich in größter Heimlichkeit, aber auch mit größerem Risiko als die des ökonomischen Kapitals; denn die ständige diffuse Übertragung von Kulturkapital in der Familie entzieht sich dem Bewusstsein ebenso wie aller Kontrolle.[24] Um seine volle Wirksamkeit, zumindest auf dem Arbeitsmarkt, ausspielen zu können, bedarf das kulturelle Kapital deshalb in zunehmendem Maße der Bestätigung durch das Unterrichtssystem, also der Umwandlung in schulische Titel: In dem Maße nämlich, wie der schulische Titel – versehen mit der eigentümlichen Wirksamkeit des »Offiziellen« – zur Vorbedingung für den legitimen Zugang zu einer immer größeren Zahl von Positionen, insbesondere herrschenden Positionen wird, tendiert das Unterrichtssystem dazu, der häuslichen Gruppe immer mehr das Monopol für die Übertragung von Macht und Privilegien zu entziehen.[25]

Der *arbiträre* Charakter der Aneignung zeigt sich nirgends deutlicher als bei der Übertragung von Kapital, vor allem bei der Sukzession, einem kritischen Moment für jede Macht. Jede Reproduktionsstrategie ist deshalb unausweichlich auch eine Legitimationsstrategie, die darauf abzielt, sowohl die exklusive Aneignung wie auch ihre Reproduktion sakrosankt zu machen. Die subversive Kritik sucht deshalb die herrschende Klasse zu treffen, indem sie das Prinzip ihrer Perpetuierung kritisiert. Sie bringt ans Licht, dass die Adelstitel selbst ebenso arbiträr sind wie ihre Übertragung. Wenn aber aufgedeckt ist, dass institutionalisierte Mechanismen wie z.B. die Erbfolgegesetze darauf abzielen, die offizielle und direkte Übertragung von Macht und Privilegien zu regeln, so wächst das Interesse der Inhaber von Kapital, sich solcher Reproduktionsstrategien zu bedienen, die eine bessere Verschleierung der Kapitaltransmission gewährleisten. Da dabei von der Konvertibilität der Kapitalarten Gebrauch gemacht werden muss, ist der Preis dafür ein größerer Kapitalschwund. Je mehr die offizielle Übertragung von ökonomischem Kapital verhindert oder gebremst wird, desto stärker bestimmt deshalb die geheime Zirkulation von Kapital in Gestalt der verschiedenen Formen des Kulturkapitals die Reproduktion der gesellschaftlichen Struktur. Das Unterrichtssystem – ein Reproduktionsinstrument mit besonderer Fähigkeit zur Verschleierung der eigenen Funktion – gewinnt dabei an Bedeutung, und der Markt für soziale Titel, die zum Eintritt in begehrte Positionen berechtigt, vereinheitlicht sich.

Anmerkungen

1 Dieses Beharrungsvermögen der Kapitalstrukturen hängt zum einen damit zusammen, dass sie sich in der Regel im Rahmen von Institutionen und Dispositionen reproduzieren, die ihrerseits Produkte von Kapitalstrukturen sind und deshalb auch auf sie abgestimmt sind; selbstverständlich wird es aber durch gezieltes politisch-konservatives Handeln noch verstärkt, nämlich durch eine Politik der Demobilisierung und Depolitisierung, die darauf abzielt, die Beherrschten in einem bloß praktischen Gruppenzustand zu halten, sodass sie lediglich durch das Zusammenspiel von Anordnungen miteinander in Verbindung treten und dazu verurteilt sind, wie ein Aggregat zu funktionieren und auf die immer gleichen isolierten und additiven Praktiken (wie die Entscheidung des Marktes oder des Wählens) beschränkt zu bleiben.

2 Zum Begriff der Praxis vgl. Bourdieu, P.: Entwurf einer Theorie der Praxis auf der ethnologischen Grundlage der kabylischen Gesellschaft, Frankfurt a.M.: Suhrkamp 1976 (franz. Original: Genf 1972).

3 Spricht man, wie hier, über Begriffe um ihrer selbst willen, statt sie anzuwenden, so muss man immer schematisch und formal sein, also »theoretisch« im üblichen – aber auch im üblicherweise akzeptierten – Sinne dieses Wortes.

4 Vgl. insbesondere Becker, G.S.: Human Capital, New York: Columbia University Press 1964

5 Ebd., S. 63-66

6 »Social rate of return« (ebd., S. 121)

7 »Social gain of education as measured by its effects in national productivity« (ebd., S. 155)

[8] Diese Aussage impliziert keinerlei Anerkennung des Wertes schulischer Leistungsbeurteilungen. Sie stellt lediglich fest, dass eine tatsächliche Beziehung zwischen einem bestimmten kulturellen Kapital und den Gesetzen des schulischen Marktes vorliegt: Verhaltensdispositionen, die auf dem schulischen Markt negativ bewertet werden, können auf anderen Märkten – in erster Linie sicherlich bei den sozialen Beziehungen innerhalb der Schulklasse – einen sehr positiven Wert haben.

[9] In einer wenig differenzierten Gesellschaft, in der die Möglichkeiten des Zuganges zu den Instrumenten der Aneignung des kulturellen Erbes sehr ungleich verteilt sind, fungiert die inkorporierte Kultur nicht als Kulturkapital, also als Instrument zum Erwerb exklusiver Vorteile.

[10] Die dialektische Beziehung zwischen dem objektivierten Kulturkapital, dessen reinste Form die Schrift ist, und dem inkorporierten Kulturkapital ist allzu oft auf die exaltierte These von der »Erniedrigung des Geistes durch den Buchstaben« des »Lebendigen« durch das »Erstarrte«, des »Schöpferischen« durch die »Routine«, »de la grâce par la pesanteur« reduziert worden.

[11] Der »concours« ist eine französische Prüfungsform, bei der nur eine im Voraus festgelegte Zahl von Prüfungen erfolgreich sein kann (Anmerkung des Übersetzers).

[12] Auch der Begriff des Sozialkapitals ist nicht aus einer rein theoretischen Arbeit entstanden, noch weniger als eine analoge Ausweitung ökonomischer Begriffe. Vielmehr hat er sich angeboten zur Benennung des *Prinzips der sozialen Wirkungen,* von Wirkungen also, die zwar auf der Ebene der individuell Handelnden – wo die statistischen Erhebungen sich zwangsläufig bewegen – klar erfassbar sind, ohne sich jedoch auf die Summe von individuellen Eigenschaften bestimmter Handelnder reduzieren zu lassen. Diese Wirkungen, die von der Spontansoziologie gerne als das Wirken von »Beziehungen« identifiziert werden, sind in all den Fällen besonders gut sichtbar, wo verschiedene Individuen aus einem etwa gleichwertigen (ökonomischen oder kulturellen) Kapital sehr ungleiche Erträge erzielen, und zwar je nachdem, inwieweit sie in der Lage sind, das Kapital einer mehr oder weniger institutionalisierten und kapitalkräftigen Gruppe (Familie, Ehemalige einer Elite«-Schule, vornehmer Club, Adel usw.) stellvertretend für sich zu mobilisieren.

[13] Bekanntlich kann es vorkommen, dass Nachbarschaftsbeziehungen *eine* elementare Form der Institutionalisierung erfahren. In Béarn oder im Baskenland z.B. tragen die Nachbarn aufgrund weitgehend kodifizierter Regeln bestimmte Bezeichnungen und besondere Funktionen, die nach Rängen (»erster Nachbar«, »zweiter Nachbar« usw.) differenziert sind und besonders bei den großen

zeremoniellen Anlässen des gesellschaftlichen Lebens, wie Beerdigungen und Hochzeiten, zum Tragen kommen. Aber selbst in diesem Falle decken sich die tatsächlich stattfindenden Beziehungen keineswegs immer mit den sozial institutionalisierten Beziehungen.

[14] Auch die *Manieren* (Benehmen, Sprechweise usw.) lassen sich zumindest insoweit dem Sozialkapital zurechnen, als sie auf eine bestimmte Weise ihrer Aneignung hinweisen und damit die ursprüngliche Zugehörigkeit zu einer mehr oder weniger angesehenen Gruppe zu erkennen geben

[15] So kann man z.B. den nationalen Emanzipationsbewegungen und nationalistischen Ideologien nicht völlig gerecht werden, wenn man nur die streng ökonomischen Profite in Betracht zieht, d.h. nur die antizipierten Profite aus der Umverteilung eines Teils des Reichtums zum Nutzen der Einheimischen (Nationalisierung) und aus der Eroberung von gutbezahlten Arbeitsplätzen berücksichtigt (vgl. Breton, A.: »The economics of Nationalism«, in: Journal of Political Economy 72 (1964), S. 367-386). Diese (diskontierten) Profite rein ökonomischer Natur würden nur den Nationalismus der privilegierten Klassen erklären; man muss zu ihnen die ganz realen und unmittelbaren Profite hinzuzählen, die sich aus der Tatsache der Zugehörigkeit (Sozialkapital) ergeben. Sie sind um so größer, je weiter unten man sich in der sozialen Hierarchie befindet (»arme Weiße«) oder – genauer – je mehr man von wirtschaftlichem und sozialem Niedergang bedroht ist.

[16] Vgl. Bourdieu, P.: »Les rites d'institution«, in: Actes de la recherche en sciences sociales 43 (1982), S. 8-63.

[17] Man kann wohl annehmen, dass das Talent zum »Mondänen« (oder, allgemeiner, das »Beziehungstalent«) zwischen den sozialen Klassen – und, bei identischer Klassenzugehörigkeit, auch zwischen Individuen unterschiedlicher sozialer Herkunft – sehr ungleich verteilt ist.

[18] Ohne Zweifel gilt das in besonderem Maße für die Grenzfälle, wo die von einem Delegierten vertretene Gruppe von ihm selbst geschaffen ist und nur durch ihn existiert.

[19] Die metaphorische Verbindung zwischen dem Adeligen und der durch ihn repräsentierten Gruppe wird z.B. sichtbar, wenn Kleopatra von Shakespeare als »Ägypten« oder der König von Frankreich als »Frankreich« tituliert wird oder wenn Racine von »Epirus« spricht, wenn er König Pyrrhus meint.

[20] Selbstverständlich bewegt sich das Sozialkapital so ausschließlich in der Logik des Kennens und Anerkennens, dass es immer als symbolisches Kapital funktioniert.

[21] Um einem wahrscheinlichen Missverständnis entgegenzuwirken, muss präzisiert werden, dass Investitionen im hier erörterten

Sinne nicht notwendigerweise auf einem bewussten *Kalkül* beruhen; vielmehr ist es *sehr* wahrscheinlich, dass sie in der *Logik affektiver Investitionen* erlebt werden, d.h. als eine gleichzeitig notwendige und uneigennützige Verpflichtung (involvement). Damit wende ich mich gegen die Historiker, die (selbst wenn sie so sensibel für symbolische Effekte sind wie E.P. Thompson) zu der Vorstellung neigen, die symbolischen Praxen – gepuderte Perücken und Prunkgewänder – seien ausdrückliche Herrschaftsstrategien, die für das Gesehenwerden (von unten) *bestimmt* und *gemacht* sind (intended to be seen). Außerdem neigen sie dazu, großzügige oder wohltätige Verhaltensweisen als »kalkulierte Handlungen zur Befriedung des Klassenkonfliktes« zu interpretieren. Diese naiv-materialistische Auffassung lässt vergessen, dass gerade die ehrlichsten und umeigennützigsten Handlungen dem objektiven Interesse am meisten konform sein können. Viele Handlungsbereiche, besonders wenn dort das *Leugnen* von Eigennutz und jeder Art von Berechnung große Bedeutung hat, wie im Bereich der kulturellen Produktion, gewähren nur denjenigen volle Anerkennung – und damit die Weihe, die den Erfolg definiert –, die sich durch den unmittelbaren Konformismus ihrer Investitionen hervortun und damit ihre *Aufrichtigkeit* und ihre Verbundenheit mit den jeweils geltenden grundlegenden Prinzipien unter Beweis stellen. In der Tat wäre es völlig falsch, die Sprache der rationellen Strategie und des zynischen Kalküls von Kosten und Profit zu verwenden, um die »Wahl« des Habitus zu beschreiben, die einen Artisten, Schriftsteller oder Forscher zu dem »ihm gemäßen« Ort (bzw. Objekt, Material, Stil, Genre usw.) führen. Dies gilt, obwohl z.B. die Veränderung eines Genres, einer Schulenzugehörigkeit oder eines Spezialgebietes – also *Wandlungen*, die man »mit ganzer Seele« vollzieht – immer als *Rückumwandlungen* verstanden werden können, deren Orientierung und Triebkraft (die häufig über ihren Erfolg entscheidet), von einem *Sinn für Investitionen* bestimmt sind. Die Chance, dass dieser nicht als solcher erkennbar ist, ist um so größer, je schärfer er entwickelt ist. Die Unschuld ist das Privileg derer, die in ihrem Bereich wie Fische im Wasser sind ...

[22] Um die Prägnanz dieser beiden antagonistischen Positionen verstehen zu können, die sich gegenseitig als Alibi dienen, müsste man die *unbewussten Profite* (profits inconscients) und die *Profite der Unbewusstheit* (profits d'inconscience) analysieren, die sie den Intellektuellen verschaffen. Während die einen im Ökonomismus ein Mittel finden, sich selbst für unbeteiligt zu erklären, indem sie das kulturelle Kapital und alle die spezifischen Profite verschwinden lassen, die sie an die Seite der Herrschenden stellen, bewegen die anderen sich nur im Reich der Symbole und weichen dem – wahrhaft verabscheuungswürdigen – Feld der Ökonomie aus, wo alles

sie daran erinnert, dass sie sich letztlich nach ökonomischen Gesichtspunkten bewerten lassen. (Sie tun damit nichts anderes, als auf theoretischer Ebene die Strategie zu reproduzieren, mit der die Intellektuellen und die Artisten ihre Werte – das heißt: ihren Wert – durchzusetzen versuchen, indem sie das Gesetz des Marktes umkehren, wo das, was man hat oder was man verdient, vollkommen bestimmt, was man »wert« ist und was man ist.)

[23] Einer der wertvollsten Vorteile aller Kapitalarten ist die Zunahme der Menge von nützlicher *Zeit,* die als Aneignung der Zeit anderer (in Form von Dienstleistungen) durch die verschiedensten Formen der Stellvertretung ermöglicht wird. Sie kann entweder die Form der Zunahme von freier Zeit annehmen, als Korrelat für die Beschränkung des Zeitaufwandes für Tätigkeiten, die direkt auf die Produktion von Mitteln zur Reproduktion der häuslichen Gruppenexistenz abzielen; oder sie führt zu einer Intensivierung der Nutzung der Arbeitszeit aufgrund der Nutzung von fremder Arbeit oder von Instrumenten und Methoden, die nur um den Preis einer Ausbildung, also von Zeit zugänglich sind: Man »gewinnt Zeit« (z.B. mit den schnellen Transportmitteln, mit Wohnungen möglichst nahe am Arbeitsplatz usw.). Umgekehrt werden die Geldersparnisse des Armen mit Zeitverlust bezahlt – das Basteln, die Suche nach Sonderangeboten oder dem günstigen Preis lassen sich nur auf Kosten langer Wege, Wartezeiten usw. durchführen.

[24] Deshalb entsteht der Anschein, als beruhe die Aufteilung der verschiedenen Titel, die das Unterrichtssystem zuerkennt, allein auf der Verteilung *natürlicher* Eigenschaften.

[25] Im Rahmen einer globalen Strategie der Diversifizierung des Besitzes und der Investitionen, wodurch ein Höchstmaß an Sicherheit und Rentabilität gewährleistet bleiben soll, tendieren die herrschenden Fraktionen dazu, der Erziehungsinvestition immer mehr Raum zuzubilligen. Selbstverständlich haben sie dabei vielerlei Mittel, um den schulischen Urteilen zu entgehen: Abgesehen davon, dass die direkte Übertragung von ökonomischem Kapital immer eines der Hauptinstrumente der Reproduktion bleibt, lässt sich der Effekt schulischer Sanktionen durch die Wirkung von Sozialkapital (»Protektion«, »Druck, »Beziehungen« usw.) korrigieren. Die schulischen Titel funktionieren niemals vollkommen wie Geld; weil sie niemals ganz von ihrem jeweiligen Besitzer abgelöst werden können, haben sie um so mehr Wert, je mehr Mittel ihr Inhaber besitzt, um sie zu verwerten. Das gilt besonders in den am wenigsten rigiden Sektoren der sozialen Struktur.

Die verborgenen Mechanismen der Macht enthüllen

Was mich an Ihrem Buch überrascht hat, ist, dass es wirklich von Anfang bis Ende von der Frage der Macht und der Herrschaft durchzogen ist.*

Jeglicher Diskurs ist das Produkt des Zusammentreffens eines *sprachlichen Habitus,* d.h. einer untrennbar technischen und sozialen Kompetenz (in eins die Fähigkeit zu sprechen und die Fähigkeit, auf eine bestimmte, sozial charakteristische Art zu sprechen) und eines *Marktes,* d.h. des Systems der »Regeln« zur Bildung der Preise, die dazu beitragen, die sprachliche Produktion zu steuern. Das gilt für den Plausch unter Freunden, für die bei offiziellen Anlässen gehaltenen Reden oder für die philosophische Schreibe, wie ich es anhand von Heidegger zu zeigen versucht habe. Folglich sind alle diese Kommunikationsbeziehungen auch Machtbeziehungen und es hat auf dem sprachlichen Markt immer Monopole gegeben, ob es sich nun um sakrale oder einer Kaste vorbehaltene Sprachen oder Geheimsprachen wie u.a. die Wissenschaftssprache handelt.

Noch weitergehend hat man den Eindruck, dass sich in diesem Buch auf filigrane Weise eine allgemeine Theorie der Macht und sogar des Politischen abzeichnet, insbesondere vermittelt über den Begriff der »symbolischen Macht«.

---

* *»Ce que parler veut dire«, Paris 1982, Fayard; deutsch: »Was heißt sprechen?«, Wien 1990, Braumüller (Anm. d. Hrsg.).*

Die symbolische Macht ist eine Macht, die in dem Maße existiert, wie es ihr gelingt, sich anerkennen zu lassen, sich Anerkennung zu verschaffen; d.h. eine (ökonomische, politische, kulturelle oder andere) Macht, die die Macht hat, sich in ihrer Wahrheit als Macht, als Gewalt, als Willkür verkennen zu lassen. Die eigentliche Wirksamkeit dieser Macht entfaltet sich nicht auf der Ebene physischer Kraft, sondern auf der Ebene von Sinn und Erkennen. Zum Beispiel ist der Edelmann, das lateinische *nobilis* sagt es, ein Edler, ein »bekannter«, »anerkannter« Mann. Das bedeutet allerdings, dass, sobald man sich dem Physikalismus der Kräfteverhältnisse entzieht, um die symbolischen Beziehungen des Erkennens wieder einzuführen, man aufgrund der Logik der erzwungenen Alternativen alle Chancen hat, wieder der Tradition der Subjektphilosophie, der Bewusstseinsphilosophie zu verfallen und sich diese Akte der Anerkennung wie freie Akte der Unterwerfung und der Komplizenschaft vorzustellen. Nun implizieren aber Sinn und Erkennen keineswegs Bewusstheit; man muss in einer völlig entgegengesetzten Richtung suchen, wie sie zuletzt Heidegger und Merleau-Ponty aufgewiesen haben: Die sozialen Akteure und auch die Beherrschten selbst sind in der sozialen Welt (selbst der abstoßendsten und empörendsten) durch eine Beziehung hingenommener Komplizenschaft verbunden, die bewirkt, dass bestimmte Aspekte dieser Welt stets jenseits oder diesseits kritischer Infragestellung stehen. Vermittelt über diese verborgene Beziehung quasikörperlichen Verwachsenseins übt die symbolische Macht ihre Wirkungen aus. Die politische Unterwerfung ist in die Haltung, die Falten des Körpers und die Automatismen des Gehirns eingegraben. Das Vokabular der Herrschaft ist voll von Körpermetaphern: einen Bückling machen, zu Kreuze kriechen, sich aalglatt zeigen, sich beugen etc. Und natürlich auch voll von sexuellen Metaphern. Die Worte bringen die politische Gymnastik der Herrschaft bzw. der

Unterwerfung nur deshalb so gut zum Ausdruck, weil sie, zusammen mit dem Körper, die Stütze der tief vergrabenen Schaltungen sind, in denen sich eine gesellschaftliche Ordnung dauerhaft verankert.

Sie gehen also davon aus, dass die Sprache im Zentrum jeder Analyse der Politik stehen sollte?

Auch da muss man sich vor den gewöhnlichen Alternativen hüten. Entweder spricht man von der Sprache so, als hätte sie keine andere Funktion als die der Kommunikation; oder man macht sich daran, in den Worten das Prinzip der Macht zu suchen, die, in bestimmten Fällen, durch Worte ausgeübt wird (ich denke z.B. an Befehle oder Parolen). Tatsächlich üben Worte eine typisch magische Macht aus: Sie machen sehen, sie machen glauben, sie machen handeln. Aber wie im Fall der Magie muss man sich fragen, worin das Prinzip dieses Vorgangs besteht; oder genauer, welche die sozialen Bedingungen sind, die die magische Wirksamkeit der Worte möglich machen. Die Macht der Worte wirkt nur auf diejenigen, die disponiert sind, sie zu verstehen und auf sie zu hören, kurz ihnen Glauben zu schenken. Auf béarnisch sagt man für gehorchen *crede*, was auch glauben heißt. Es ist die ganze Primärerziehung – im weitesten Sinne des Wortes –, die in jedem Einzelnen die Mechanismen verankert, die die Worte (eine päpstliche Bulle, eine Parteiparole, ein Deutungsvorschlag eines Psychoanalytikers etc.) eines Tages werden auslösen können. Die Grundlage der Macht der Worte wird durch die Komplizenschaft gebildet, die sich mittels der Worte zwischen einem in einem biologischen Körper fleischgewordenen sozialen Körper, dem des Wortführers, und den biologischen Körpern herstellt, die sozial zugerichtet sind, seine Anweisungen anzuerkennen, aber auch seine Ermahnungen, seine Anspielungen oder seine Befehle, und die die »gesprochenen Subjekte« sind, die Getreuen, die Gläubigen. Es ist all das, was, wenn man darüber nachdenkt, der Begriff des *Korpsgeistes* wachruft: soziologisch faszinierende und erschreckende Formel.

Aber es gibt doch gleichwohl eigene Effekte und eine eigene Wirksamkeit der Sprache?

Es ist wirklich erstaunlich, dass diejenigen, die unablässig von der Sprache und dem (gesprochenen) Wort oder gar von der »illokutionären Kraft« des Wortes sprechen, niemals die Frage nach dem Wort-Führer gestellt haben. Wenn die politische Arbeit im Wesentlichen eine Arbeit vermittels Worten ist, heißt das, dass die Worte dazu beitragen, die soziale Welt zu erzeugen. Man muss nur an die unzähligen Umschreibungen und Euphemismen denken, die während der ganzen Zeit des Algerienkriegs erfunden worden sind, um das Eingeständnis der Anerkennung zu vermeiden, die darin impliziert ist, dass man die Dinge bei ihrem Namen nennt, statt sie durch Euphemismen zu verleugnen. In der Politik ist nichts realistischer als der Streit um Worte. Ein Wort an die Stelle eines anderen setzen heißt, die Sicht der sozialen Welt zu verändern und dadurch zu deren Veränderung beizutragen.

Von Arbeiterklasse sprechen, die Arbeiterklasse zum Sprechen bringen (indem man für sie spricht), sie repräsentieren, bedeutet, dieser Gruppe, die von den Euphemismen des gewöhnlichen Unbewussten (die »kleinen Leute«, die »einfachen Menschen«, der »Mann auf der Straße«, der »Durchschnittsfranzose« oder bei bestimmten Soziologen »die einfachen Schichten«) zum Verschwinden gebracht wird, zu einer anderen Existenz für sich selbst und für die anderen zu verhelfen. Das Paradox des Marxismus ist, dass er in seine Klassentheorie den Theorieeffekt nicht einbegriffen hat, den die marxistische Klassentheorie produziert hat und der dazu beigetragen hat, dass heute Klassen existieren.

In Bezug auf die soziale Welt ist die neo-kantianische Theorie, die der Sprache und allgemeiner den Repräsentationen* eine eigene symbolische Wirksamkeit der Realitätskonstruktion zuschreibt, vollkommen begründet. Die Gruppen (und insbesondere die sozialen Klassen) sind immer zu einem Teil Artefakte: Sie sind das Produkt der Logik der Repräsentation, die es einem biologischen Individuum oder einer kleinen Zahl biologischer Individuen – Generalsekretär oder Zentralkomitee, Papst und Bischöfe etc. – erlaubt, im Namen der ganzen Gruppe zu sprechen, die Gruppe wie »einen Mann« sprechen und marschieren zu lassen, glauben zu machen – und zuallererst die Gruppe, die sie repräsentieren –, dass die Gruppe existiert. Als Mensch gewordene Gruppe verkörpert der Wortführer eine fiktive Person, diese Art mystischen Körper, den eine Gruppe bildet; er entreißt die Mitglieder der Gruppe dadurch dem Zustand der bloßen Ansammlung isolierter Individuen, dass er ihnen ermöglicht, durch ihn mit einer Stimme zu handeln und zu sprechen. Im Gegenzug erhält er das Recht, im Namen der Gruppe zu handeln und zu sprechen, sich für die Gruppe, die er verkörpert (Frankreich, das Volk ...), zu halten, sich mit der Funktion zu identifizieren, der er sich mit Leib und Seele hingibt, wodurch er einem konstituierten Körper einen biologischen Körper verleiht. Die Logik der Politik ist die der Magie oder, wenn man das vorzieht, die des Fetischismus.

Betrachten Sie Ihre Arbeit als eine radikale Infragestellung der Politik?

---

* *Das französische représentation bedeutet gleichzeitig Vorstellung, Darstellung und Stellvertretung. Alle drei Bedeutungen sind hier gemeint, weshalb es unübersetzt bleibt (Anm. d. Übers.).*

Die Soziologie ähnelt der Komödie, die die verborgenen Mechanismen der Autorität enthüllt. Durch die Verkleidung (Toinette als Arzt), die Parodie (das missglückte Latein des Diafoirus) oder die Übertreibung demaskiert Molière die verborgene Maschinerie, die es ermöglicht, die symbolischen Wirkungen der Beeindruckung oder der Einschüchterung zu erzeugen, die Kniffe und Tricks, die die Mächtigen und Wichtigen aller Zeiten ausmachen – der Hermelin, der Talar, die Doktorhüte, das Latein, die schulischen Titel, all das, was Pascal als erster analysiert hat.

Was ist schließlich ein Papst, ein Präsident oder ein Generalsekretär anderes als jemand, der sich für einen Papst oder einen Generalsekretär oder genauer: für die Kirche, den Staat, die Partei oder die Nation hält? Das Einzige, was ihn von der Figur in der Komödie oder vom Größenwahnsinnigen unterscheidet, ist, dass man ihn im Allgemeinen ernst nimmt und ihm damit das Recht auf diese Art von »legitimem Schwindel«, wie Austin sagt, zuerkennt. Glauben Sie mir, die Welt so betrachtet, d.h., so wie sie ist, ist ziemlich komisch. Aber man hat ja oft gesagt, dass das Komische und das Tragische sich berühren. Man würde wieder bei Pascal, aufgeführt durch Molière, anlangen.

Die Könige sind nackt

Pierre Bourdieu im »Nouvel Observateur«, das ist eine Überraschung. Man sagt ja, dass Sie die Presse und die Presseleute nicht besonders mögen.

Es wird so viel geredet. Tatsächlich analysiere ich die Effekte, die die Einführung äußerlicher, von den Journalisten durchgesetzter Kriterien im intellektuellen Bereich hervorruft – wie etwa das, im Fernsehen »gut anzukommen«, oder zum Kreis derer zu zählen, die dazugehören. In der Tat erscheint es mir unerlässlich, die Mechanismen zu kennen, mittels derer die Intellektuellen manipuliert und ihrer Befugnis entkleidet werden, die eigene Produktion zu beurteilen.

Ich könnte zeigen, wie und inwiefern die Verwischung der Grenze zwischen den Intellektuellen und den Journalisten und die Konfusion, die daraus entsteht, für beide Seiten, die Intellektuellen, aber auch und nicht minder die Journalisten, von Schaden ist. Ich glaube, alles, was dazu beitragen kann, die Autonomie der intellektuellen Welt zu vergrößern, muss verteidigt werden. Aus einer Reihe von Gründen, die ich in meinem Buch erläutere, ist diese Autonomie durch politische und journalistische Einflüsse bedroht, was in mehr als einem Fall zur Folge hat, dass den Intellektuellen keine andere Wahl bleibt, als sich aus dem Spiel zurückzuziehen. Das hat man im Verlauf der Debatte um »das Schweigen der Intellektuellen« gesehen. Unzweifelhaft war die Neigung der Leute, sich an der Debatte zu beteiligen, umso stärker, je mehr sie die journalistische Weihe nötig hatten und umso weniger sie folglich fähig waren, sich an die Rolle zu halten, die meines Erachtens den Intellektuellen zukommt und zu deren grundlegenden Dimensionen die Respektlosigkeit gegenüber jeglicher Macht gehört.

Wollen Sie also über Ihre Analyse der Universität hinaus eine Analyse des heutigen Journalismus liefern?

Ich denke, dass im politischen Bereich die Presse mit darüber bestimmt, was politisch denkbar ist und sogar mit festlegt, wer zu den legitimen Akteuren des politischen Spiels zählt, unter anderem dadurch, wen sie zu Sendungen wie dem »Presseclub« einladen. Desgleichen beanspruchen sie, im intellektuellen Bereich darüber zu befinden, wer die wahren Akteure und deren Rang sind. Denken Sie an all die Effekte der von den Radio- und Fernsehsendungen veranstalteten Preisverleihungen, die literarischen Ranglisten des Jahres und des Jahrzehnts etc. Es geschieht immer häufiger, dass sie versuchen, Themen und Gegenstände mithilfe von Umfragen und Interviews durchzusetzen, alles Formen des Eingriffs ohne anderen Gegenwert als den einer gewissen Publizität. In beiden Fällen haben sie eine außerordentlich konservative Wirkung.

Die »Presseklubs« und andere »Stunden der Wahrheit« erteilen das Wort stets nur autorisierten Wortführern, Marchais und Lustiger, Chirac und Ceyrac* ... Auf gleiche Weise verleihen die, alltäglichen oder zu besonderen Anlässen, Urteile der Kulturseiten der Tages- und Wochenzeitungen ihre Weihen Leuten, die bereits geweiht sind, oder Leuten, die ihre Weihe der Macht, Weihen zu verleihen, verdanken, die sie als Journalisten oder als journali-

---

* *Marchais ist Vorsitzender der Kommunistischen Partei Frankreichs, Lustiger Kardinal von Paris, Chirac Vorsitzender der konservativen gaullistischen Partei und Bürgermeister von Paris, Ceyrac ist Europaabgeordneter der rechtsextremen Partei Front National (Anm. d. Hrsg.).*

stisch sich betätigende Universitätsangehörige besitzen. Sie gestatten mir, dass ich keine Beispiele nenne. Diese Situation stellt für jedes wirkliche künstlerische oder wissenschaftliche Bemühen eine Bedrohung dar, wenn sie etwa dazu führt, dass selbst die für die Verführungen des unmittelbaren Erfolgs am wenigsten empfänglichen Universitätsangehörigen nicht mehr die große Geduld und das lange im Verborgenen Bleiben aufbringen, die die großen Werke voraussetzen.

Warum sind Sie dann doch bereit, ein Interview zu geben? Warum begeben Sie sich auf das Terrain des Gegners?

Um dort die Werte der Autonomie und die den autonomsten Regionen des wissenschaftlichen Bereichs eigenen Kriterien gegen die Leute zu verteidigen, die eher schlecht informiert als böswillig sind.

Sie sprechen von Autonomie und stellen Ihre Arbeit als wissenschaftliche vor. Die aber löst wütende und leidenschaftliche Reaktionen aus, die mit der Wissenschaft nicht viel zu tun haben.

Alle Wissenschaft ruft Widerstände hervor. Vor allem in ihrer Anfangsphase. Sie erinnern sich an Freuds Hinweis auf die harten Schläge, die die Wissenschaft, Kopernikus, Darwin und die Psychoanalyse selbst, dem anthropozentrischen Narzissmus versetzt hat. Die Soziologie der Intellektuellen betreiben heißt, glaube ich, dem Narzissmus der Intellektuellen einen weiteren, vielleicht noch weniger verzeihlichen Stoß zu versetzen. Wenn all diese Leute, ich zuerst, sich gerade das zu tun entschieden haben, was sie tun, so stets ein wenig auch, um sich selbst als Subjekte, als reine Subjekte »ohne Bindungen und ohne Wurzeln«, wie Mannheim sagte, verstehen zu können.

Sartre hat dieses Ideal des reinen Intellektuellen, Herr und Eigentümer aller Grundlagen seiner eigenen Intelligibilität, verkörpert. Nun erinnert die Soziologie der Intellektuellen aber daran, dass wir alle Bindungen und Wurzeln, Leidenschaften, Interessen, Standorte und folglich Standpunkte mit ihren Einsichten und ihren blinden Flecken haben. Dieses Erinnern an die spezifische Libido, die den intellektuellen Tätigkeiten zugrunde liegt, scheint für viele Intellektuelle etwas Unerträgliches zu haben.

Man wird noch behaupten, dass der Soziologe sich über alle erheben wolle. Dass Sie sich für Bourdieu-Vater halten.

Sicher ist, dass das soziologische Projekt selbst und namentlich das, was man die »Soziologie der Erkenntnis« nennt, nie ganz frei ist von der Ambition, sich als absolutes Subjekt zu setzen, das imstande ist, die anderen als Objekt zu setzen und besser als diese selbst die Wahrheit dessen zu kennen, was sie sind und was sie tun. Das Wesentliche meiner Arbeit in diesem Buch* hat gerade in dem Versuch bestanden, all das aufzudecken, was an meiner Analyse dieser Art professioneller Verzerrung geschuldet sein könnte, um es unwirksam zu machen.

Daran erinnert, dass die Intellektuellen Leidenschaften und Interessen haben und dass sie gesellschaftlich verortet sind, haben vor Ihnen schon andere.

Es gibt solche und solche Weisen, das zu tun. Die Reduktion der Gründe des Gegners auf Ursachen, das heißt zunächst auf mehr oder minder niedrige Interessen, ist das

---

* *»Homo academicus«, Paris 1984, Editions de Minuit; deutsch »Homo academicus«, Frankfurt a.M. 1988, Suhrkamp (Anm. d. Hrsg.)*

tägliche Brot des intellektuellen Lebens. Das geht Hand in Hand mit dem fortwährenden Katalogisieren, dem gewöhnlichen Schdanowismus, den die bestellten Denunzianten des Schdanowismus so gerne praktizieren, all die, die einen unablässig bezichtigen, ein »Stalinist«, »der letzte Marxist« oder aber ein »Mandarin« zu sein, etc.

Was meine Arbeit von diesen Verhaltensweisen unterscheidet, ist der Umstand, dass ich das Spiel als Ganzes beschreibe, in dem in eins die spezifischen Interessen der Intellektuellen entstehen – die auf das Klasseninteresse absolut nicht reduzierbar sind, auf das die marxistische Schwerartillerie sich einschoss, deren Kugeln zwar schwer sind, aber immer über die Köpfe hinwegfliegen – und die partiellen Einsichten, was die Interessen der anderen angeht.

Ich will mich damit begnügen, als Beispiel dieses perfekte, hinsichtlich des eigenen Ausgangspunktes blinde Paar von Perspektiven anzuführen: Raymond Aron im »Opium der Intellektuellen« über die linken Intellektuellen und Simone de Beauvoir in »Das Denken der Rechten heute« über die rechten Intellektuellen.

Mein Buch zeigt, dass der Raum des Spiels und die geschichtlich konstituierten Stellungen im Inneren dieses Raums die politischen und intellektuellen Stellungnahmen steuern. Man mag über Soziologismus lamentieren, aber diese (selbstverständlich statistische) Relation zwischen den Stellungen und den Stellungnahmen ist eine Tatsache. Ich muss sogar gestehen, dass ich immer wieder über die ein wenig indezente Naivität erstaunt und bisweilen schockiert bin, mit der die Spezialisten der Reflexion, die die Intellektuellen doch sind, ihre sozialen Antriebe ignorieren. Ich kann nicht umhin, darin einen professionellen Fehler zu sehen.

Als Sie Ihrem Buch den Titel »Homo academicus« gaben, wollten Sie da denen ein Etikett anheften, die das für gewöhnlich selber tun?

Ja, in der Tat. Vielleicht haben Sie die Novelle von David Garnett »A man in the Zoo« gelesen? Es wird die Geschichte eines jungen Mannes erzählt, der sich bei einem Besuch im Zoo mit seiner Freundin verkracht. Verzweifelt schreibt er dem Direktor, um ihm in einer Art Selbstmordakt ein Säugetier, das in der Sammlung noch fehlt, anzubieten – sich selbst. Man steckt ihn in einen Käfig neben dem Schimpansen, mit einem Etikett, auf dem, ich zitiere aus dem Gedächtnis, steht: »Homo sapiens. Dieses Exemplar wurde von John Cromantie, Esquire gestiftet. Die Besucher werden gebeten, den Menschen nicht durch persönliche Bemerkungen zu reizen.«

Im Grunde entspricht das ein wenig dem, was ich gemacht habe, und ein wenig dem, was ich gerne auf das Etikett geschrieben hätte. Durch mich, und mit mir, ist der Homo classificator seinen eigenen Klassifikationen zum Opfer gefallen. Ich finde das eher komisch. Ich glaube, dass es in meinem Buch auch sehr viel zu lachen gibt.

Also auch ein bisschen Molièresches Latein?

Ja, weil ich mit dem Titel auch diesen Zug von Ewigkeit am akademischen Leben unterstreichen wollte, wo sich ja zahlreiche überhistorische Invarianten finden, wie die Verdammung häretischer Schriften an der Sorbonne und anderes mehr ...

In Ihrer Antrittsvorlesung im Collège de France haben Sie eine »Soziologie der Kategorien der professoralen Urteilskraft« angekündigt. Ist das Buch die Verwirklichung dieses Programms?

Vollkommen richtig. Außer, dass ich mir aus Gründen der Deontologie versagt habe, die Offenlegung der Beziehungen zwischen den im universitären Bereich eingenommenen Positionen und dem Inhalt oder der Form der Werke zu weit zu treiben. Ich hätte den Analysen von der Art, wie ich sie zur Barthes-Picard-Debatte,[1] zu den Konflikten zwischen der alten und der neuen Historik oder zum Streit der Neuen Philosophen vorgenommen habe, noch weitere hinzufügen können. Aber ich glaube, alle Elemente und Werkzeuge sind vorhanden, sodass die, wie man so sagt, Betroffenen die Analyse selbst durchführen können.

Weil Sie glauben, dass die Interesse daran haben?

Ja, von meinem Standpunkt aus, der jener des im eigentlichen Sinne wissenschaftlichen Gewinns ist, bin ich dessen sicher. Ich würde sogar sagen, dass man aus einer solchen Sozio-Analyse einen großen ethischen Gewinn ziehen kann: Man kann darin ein Mittel finden, sein soziales Schicksal anzunehmen, was nicht besagen will, es mit Resignation hinzunehmen. Aber ich glaube nicht, dass sehr viele diese Chance ergreifen werden ... Ich denke im Gegenteil, dass sie eher damit beschäftigt sein werden, individuelle und kollektive Mittel der Abwehr zu ersinnen.

Für den Coup wird man Sie des Terrorismus bezichtigen.

Ich weiß. Aber ich bleibe dabei, dass dieses soziologische Verfahren, wenn man es auszuhalten vermag, viele wissenschaftliche und politische Vorzüge hat: Man weiß besser, was man tut und was man sagt. Und man schützt sich vor selbstzerstörerischen Bekenntnissen. Dabei denke ich etwa an jenen Philosophen, der kürzlich zu einem Buch über das Bildungswesen schrieb: »Dieses ist für Philosophen wichtig, nicht weil es ihnen ein lobendes Bild ihres Faches zeichnet, sondern, was wichtiger ist, wegen der entscheidenden Bedeutung, die es dem Philosophieunterricht in Frankreich zuspricht.«

Die Betroffenen könnten in meiner Arbeit zumindest Mittel dazu finden, sich vor so grausam die sozialen Antriebe entlarvenden Aussagen zu schützen, die, wie diese, im zweiten Teil des Satzes das sagen, was sie im ersten Teil geleugnet haben.

Warum nehmen Sie immer wieder die Philosophen aufs Korn?

Ich nehme mit ihnen die gerissensten Verteidiger des intellektuellen Narzissmus aufs Korn. Diese Leute, die unablässig von radikalem Zweifel, von Kritiktätigkeit, von Dekonstruktion reden, versäumen stets, wie schon Wittgenstein bemerkte, den Glauben in Zweifel zu ziehen, der sie zu dieser Parteinahme für den Zweifel führt, diese Art professionellen Point d'honneur des Philosophen, dieses Vorurteil von der Vorurteilslosigkeit, durch welches die Abgrenzung vom gesunden Menschenverstand, von der Meinung, vom niederen Positivismus der Forscher sich geltend macht ...

Ich denke an all diese professionellen Vorurteile, die nie oder nur ausnahmsweise infrage gestellt werden, wie zum Beispiel das von der wesensmäßigen Überlegenheit der philosophischen Sprache über die Alltagssprache. Ich wage dieses Beispiel, weil ich mich auf die Autorität eines anerkannten Philosophen, John Austin, stützen kann, der viele Elemente für eine soziologische Analyse dessen bereitstellt, was er die professorale Weltsicht, den »scholastic view«, nennt. Kurz, die soziologische Kritik tut nichts, als die philosophische Kritik der Vorurteile zu radikalisieren, indem sie die Mittel aufzeigt, auch die in die Institution Philosophie eingelassenen Vorwegannahmen zu erfassen; folglich eine Reihe der traditionellen Bestrebungen der Philosophie vollständiger zu verwirklichen. Natürlich bin ich als Soziologe sehr gut in der Lage zu verstehen, dass die Leute und insbesondere die, die sich selbst als Philosophen sehen wollen, die Philosophie nur anerkennen können, wenn diese von patentierten, von anerkannten, von »autorisierten«, ich möchte sagen, von gesellschaftlich als solche anerkannten Philosophen betrieben wird. Dennoch war es Kant selbst, der gesagt hat, es bestehe ein »großer Unterschied zwischen Philosophieren und dem Betreiben der Philosophie«.

Fasst man, was Sie da gerade gesagt haben, zusammen, so kann Ihr Buch als eine verkleidete Autobiografie erscheinen.

Eher wäre es eine Anti-Autobiografie. Baut man sich doch oft mit der Autobiografie ein Mausoleum, das häufig auch ein Kenotaph* ist. Aber in einem Sinn haben Sie recht: Mein Buch ist auch ein Unternehmen der Selbsterkenntnis. Dazu möchte ich etwas ziemlich Banales, aber kaum Bekanntes sagen: Die intimste Wahrheit über das, was wir sind, das Undenkbarste, Ungedachte, ist in die Objektivität der Positionen eingelassen, die wir, in der Gegenwart und in der Vergangenheit, eingenommen haben, und in die ganze Geschichte dieser Positionen.

Die Wahrheit des Professors an der Sorbonne liegt zu einem Teil in der ganzen Geschichte der Sorbonne, in deren Verlauf sich die gegenwärtige Situation der Sorbonne im Raum der universitären Positionen entwickelt hat. Das Gleiche gilt für den Professor der Ecole des Hautes Etudes

---

* *Von altgriech. Kenotaphion: leeres Prachtgrab für in der Fremde Begrabene (Anm. d. Übers.).*

oder des Collège de France. Sartre suchte nach der Wahrheit Flauberts, des Schriftstellers Flaubert, und dadurch, in einer Art sozialer Genealogie, in den familialen Ursprüngen oder zumindest in den ursprünglichen Erfahrungen, nach der von sich, Sartre, selbst. Ich glaube, dass die Wahrheit Flauberts oder Sartres oder welches Intellektuellen auch immer mindestens ebenso sehr in dem steckt, was ich das intellektuelle Feld nenne, das heißt, dem Ensemble der Konkurrenz-, ja Konfliktbeziehungen, die sie mit anderen Universitätsangehörigen und den anderen Intellektuellen in eins verbinden und entzweien.

Zum Beispiel weiß ich, dass man, um zu verstehen, was Barthes macht oder Picard, was er über die Kritik schreibt oder die Kritik, die er schreibt, wissen muss, was die geschichtlich konstituierte Position ist, von der aus er schreibt: Ecole des Hautes Etudes oder Sorbonne, Sozialwissenschaften oder Geisteswissenschaften, durchgemachter Saussure oder falsch aufgefasster Lanson etc.

Wenn man Ihnen so zuhört und besonders, wenn man Sie liest, hat man den Eindruck, dass Sie nur ein theoretisches Interesse haben. Nichts über Politik, kein Programm, kein Projekt, keine Ratschläge ... Offensichtlich streben Sie nicht den Posten des Erziehungsministers an.

Auf einen Scherz antworte ich mit einem Scherz: Glauben Sie, dass ein Erziehungsminister unentbehrlich ist? Und glauben Sie nicht, dass, zumindest was das höhere Unterrichtswesen und die Forschung betrifft, das Laisser-faire, das heißt die Autonomie und die Selbstverwaltung, wie man will, die bestmögliche Politik wäre? Damit es aber mehr als ein Scherz wäre, müsste ich weit ausholen.

Ja, aber in dem Maße wie Ihre Arbeiten, vor allem »Les Héritiers«[2] und »La Reproduction«[3] häufig dazu benutzt worden sind, diese oder jene Politik zu rechtfertigen oder zu verurteilen, können Sie nicht mehr schweigen.

Das ist wirklich ein Problem, das wir schon zu Beginn unseres Gespräches angesprochen haben. Was soll ich Ihres Erachtens tun? Eine »freie Tribüne« in »Le Monde«, eine Pressekonferenz, eine Petition?

Die Politiker mögen die Wissenschaftler erst, wenn sie tot sind. Man hat sich meiner Arbeiten bedient, um Maßnahmen zu rechtfertigen, die in gar keiner Beziehung zu ihnen standen, und auf jeden Fall so, als ob sie von einem Autor der Vergangenheit verfasst worden wären, bei dem es nicht infrage kommt, dass man ihn um Rat fragt. Das Problem ist, dass es in Frankreich kein Statut für den kompetenten Diskurs über die soziale Welt gibt. Wir hatten mit Michel Foucault die Vorbereitung eines Weißbuches in Angriff genommen, einer harten Kritik, in Zusammenarbeit mehrerer Fachleute, an einer Reihe politischer Maßnahmen, namentlich auf dem Gebiet von Bildung und Erziehung ...

Jedenfalls gehe ich davon aus, dass die Wissenschaftsgemeinschaft in Form des Collège de France in Bälde zur Zukunft der Wissenschaft und ihrer Vermittlung Stellung nehmen wird. Endlich einmal hat ein verfasstes Gremium anerkannter Wissenschaftler von der politischen Gewalt ein Mandat erhalten, sich mit den eigenen Angelegenheiten zu befassen, was keineswegs trivial ist, sondern einen politischen Sachverhalt ersten Ranges darstellt.

Man hat Ihnen oft Ihren Pessimismus und Fatalismus vorgehalten. Denken Sie wirklich, dass eine Politik zur Unterstützung von Forschung und Lehre nicht mehr möglich ist?

Es ist zutreffend, dass die Analyse nicht zum Optimismus verleitet. Besonders, wenn sie diese Art unheiliger Paare komplizenhafter Gegner erkennen lässt, die das Unterrichtswesen und diejenigen, die es leiten, einem ewigen Hin und Her zwischen dem, was man die Rechte und die Linke nennt, aussetzt, die aber tatsächlich zwei Formen von Bewahrung erworbener Vorteile, zwei Formen individueller oder kollektiver Verteidigung gegen die Sanktionen des pädagogischen und wissenschaftlichen Marktes sind.

Die Infragestellung der universitären Hierarchien, die im Gewand der Demokratisierung auftritt, und die Verteidigung dieser Hierarchien, die dagegen die Qualität des Unterrichts geltend macht, bilden ja ein Kräftepaar, das, was das Wesentliche, das heißt die Produktion und Vermittlung von Wissen angeht, am Status quo festhält. Es müsste gelingen, einen Prozess in Gang zu setzen, der zu einer Verteilung der materiellen und symbolischen Profite führen würde, die etwas weniger unabhängig von den pädagogischen und wissenschaftlichen Beiträgen der verschiedenen Akteure wäre, als das heute der Fall ist. Das scheint mir notwendig und zugleich schwer vorstellbar. Das ist im Übrigen ein ganz allgemeines Problem, von dem die Universität nur den Extremfall darstellt.

Aber eine Lösung schlagen Sie nicht vor?

Nein. Eins ist indes sicher, durch bloße Reformen ohne Untersuchungen und Analysen, wie all diese seit 20 Jahren durchgeführten, die samt und sonders auf einer nahezu vollständigen Unkenntnis der wirklichen Einsätze und der wirklichen Mechanismen basieren, wird man die Schaukel, gestern die oberflächlich egalitaristische Demagogie, heute der Kult um die Leistung und die Bravorufe des Philologenverbandes, nicht zum Stehen bringen können.

Allgemeiner gesprochen: Mit formalistischen und universalistischen Reformen, die für den methodischen Umgang mit der Singularität der je besonderen Fälle ungeeignet sind, und die zumeist von Vorstellungen – Plattformen, Programmen und Kommissionsberichten – geleitet sind, die mehr über die spezifischen Interessen ihrer Autoren aussagen als über die Realität des Bildungssystems, erzielt man bei derart fein differenzierten Bereichen keine Wirkung.

Wenn ich recht verstehe, schlagen Sie keine politischen Maßnahmen vor, sondern Sie kritisieren die Politik als solche?

Worum es geht und woran die übliche Diskussion über die Politik nie heranreicht, ist die Vorstellung davon, was das politische Handeln, das, was man einmal die »Regierung« genannt hat, sein und was es bewirken kann. Die Politiker sollten über die stoische Unterscheidung zwischen dem, was von uns abhängt, und dem, was von uns nicht abhängt, nachdenken. Der Fundamentalirrtum besteht, wie man weiß, in der Unkenntnis der eigenen Grenze.

Alles, was die Politik tun kann, ist, die Kräftefelder behutsam und unmerklich kontrollieren, eine Sache, die ersichtlich im Widerspruch zum Drang zum Spektakulären und zum Exhibitionismus der Reformen steht.

Es bedeutet, aus dem Kräftefeld und den Kämpfen, deren Austragungsort es ist, die zur Veränderung des Kräftefeldes in der gewünschten Richtung fähigen Kräfte zu schöpfen. Man ist näher an Fourier und an der Kunst, die Leidenschaften zu nutzen, als an Marx. Man müsste sich auf eine Politik der wohlplatzierten kleinen Anstöße verstehen, die Triebwerke in Gang zu setzen vermöchten, die heute durch ein System blockiert sind, in dem die Verteilung von Sanktionen und Profiten dem Zufall überlassen bleibt. Jedenfalls wird man in der derzeitigen Situation nicht unbegrenzt verharren können. Denn es scheint mir offensichtlich, dass Ratten verrückt würden, wenn die

Verteilung der elektrischen Schläge und der Körner nach dem Zufallsprinzip erfolgte und sie damit einer Behandlung ausgesetzt wären, die der ziemlich ähnlich wäre, die man heutzutage den Forschern angedeihen lässt.

Sie scheinen ein sehr pragmatisches Politikverständnis zu haben. Denken Sie, man muss sich der globalen Weltsichten und der Ideologien entledigen?

Überhaupt nicht. Es handelt sich nicht darum, einmal mehr das Ende der Ideologie zu verkünden. Indes hat das, was man die »Erfahrung der Linken« genannt hat, ein weitreichendes Verständnis davon vermittelt, und das ist eine positive Errungenschaft, dass die Hauptgegensätze zwischen der Rechten und der Linken nicht dort lagen, wo die Linke sie ansiedelte. Was heute offensichtlich geworden ist, blieb durch die Logik der Konkurrenz zwischen den Parteien und in deren Inneren zwischen den Strömungen und Tendenzen den Augen der Politiker selber verborgen.

Die daraus resultierende Verwirrung kann einer ganz gefährlichen politischen Gleichgültigkeit Vorschub leisten, sie kann aber auch die Gelegenheit zum ungehinderten Erforschen der wirklichen Ursachen des Auseinanderdriftens bieten. Unter der Bedingung, dass die so entstandene Leere nicht mit ideologischen Gadgets* wie der Informatik etwa, der die Regelung aller Probleme, von der individuellen Einsamkeit bis zum Außenhandel, zugetraut wird, ausgefüllt wird. Unter der Bedingung auch, dass die Entdeckung der ökonomischen Zwänge und der schmalen Freiheitsmarge, die sie den politischen Entscheidungen lassen,

---

* *Das englische gadget kann Apparat, Apparätchen, aber auch Dreh, Kniff heißen (Anm. d. Übers.).*

nicht zu einer Verstärkung der Tendenzen zum Ökonomismus führt.

Der Technizismus – bei Lenin war es die Elektrizität, heute ist es die Elektronik – verbindet sich allermeist mit dem Ökonomismus als Ersatz für eine fehlende wirkliche, auf die vertiefte Kenntnis der gesellschaftlichen Welt gegründete, politische Phantasie. Die Politiker haben ein bisschen Ökonomie gelernt, dafür sind sie aber in Soziologie meist ziemliche Nullen.

Von wem aber soll man diese Phantasie erwarten?

Ganz sicher nicht von den Politikern allein. An ihnen ist es, ich wiederhole es, die Grenzen des politischen Handelns zu kennen. Was von ihrer Seite bereits eine veritable persönliche Umkehr voraussetzen würde und eine vollständige Neubestimmung des sozialen Bildes von ihrer Rolle. Sie müssten damit aufhören, in der Logik der Global-Regel und des Global-Reglements zu denken, das für alle und für alle Zeit tauglich ist, um stattdessen eine Art rationaler Kasuistik zu praktizieren, welche die Aufmerksamkeit für den Einzelfall mit einer Kenntnis der allgemeinen Funktionsgesetze der verschiedenen betreffenden Bereiche sowie der Kräfte und der partikularsten Interessen der Leute, von denen das Gelingen des Unternehmens abhängt, verbindet. Ohne das läuft die beste Absicht der Welt Gefahr, den verfolgten Zielen strikt entgegengesetzte Resultate zu zeitigen. All das würde viel Klugheit, Bescheidenheit, Realitätskenntnis, Aufmerksamkeit für die kleinen Dinge und für die »kleinen Leute« voraussetzen. Eine wahre Revolution wäre das!

Sie wollen sagen, eine geistige Revolution, die seltenste Sache bei denen, die Revolution machen?

Ja. Weil es mehr an politischer Phantasie in einer Institution wie »S.O.S. Grand-Mère«* gibt als in zwei Jahren Arbeit einer Plankommission oder in 20 Berichten von den Herren X oder Y, von den Kongressen der Apparatschiks ganz zu schweigen. Diese alltägliche politische Phantasie muss man aufspüren, ermutigen, unterstützen, orchestrieren, verallgemeinern, und zwar nicht nur mit den Dispositionen des Sozialingenieurs, sondern mit denen des Gärtners.

Anmerkungen

[1] 1965 standen sich Roland Barthes und Raymond Picard, Professor an der Sorbonne, in einer heftigen Polemik über die literarische »Neue Kritik« (N.D.L.R.) gegenüber (Anm. d. Hrsg.).

[2] Zus. mit J.C. Passeron, Paris, Minuit, 1964; deutsch als Teil I von »Die Illusion der Chancengleichheit«, Stuttgart, Klett, 1971 (Anm. d. Hrsg.)

[3] Zus. mit J.C. Passeron, Paris, Minuit, 1979; deutsch in s. Anm. 2 und in »Grundlagen einer Theorie der symbolischen Gewalt«, Frankfurt a.M., Suhrkamp, 1973 (Anm. d. Hrsg.)

---

* *Entspricht etwa den »Grauen Panthern« in Deutschland (Anm. d. Hrsg.).*

Therapie für traumatisierte Akademiker

Die modernen Entzauberer der »Moderne« sind unsere Propheten, unsere Propheten des Unheils. Doch ihre apokalyptischen Reden von den unheilvollen Folgen und vom »Unbehagen in der Kultur« – Reden, die mehr für den Ruf eines »Denkers« einbringen als jede noch so genaue Analyse der gesellschaftlichen Mechanismen in ihrer realen Funktionsweise – sind zumeist das Ergebnis der bloßen Verallgemeinerung von Phobien und Phantasmen, welche an eine besondere Erfahrung von sozialer Welt gebunden sind – an eine besondere und keineswegs einzigartige Erfahrung, denn sie ist, mit geringen Abweichungen, allen Intellektuellen gemeinsam: Der ästhetische Horror vor den in Routine erstarrten Formen der Kulturindustrie ebenso wie die Weigerung, sich den gewöhnlichen Disziplinierungen oder den neuen bürokratischen, nicht zuletzt technokratischen Machtinstanzen zu beugen, äußern sich darin mit jenem Hauch von Ausschweifung, jener quasi aristokratischen Voreingenommenheit fürs Überspitzte, die selbst noch der wissenschaftlich rudimentären, weil einseitigen und unvollkommenen These den Anflug des *radical chic* verleiht. In ihrem Willen, als Entmystifizierer aufzutreten, die die verborgene Seite der Dinge ans Licht zu zerren vermögen, begnügen sich die modernistischsten der »Postmodernen« nicht damit, uns ihre Klar- und Weitsicht dadurch unter Beweis zu stellen, dass sie aufdecken, wie hinter der trügerischen Fassade einer Scheinemanzipation – gerade gut genug für naive *Aufklärer* – neuartige Formen von Herrschaft und Unterdrückung lauern – was, etwas genauer ausgeführt, nicht einmal falsch wäre. Ein Denken in Extremen praktizierend, das ihren Radikalismus um so eindrucksvoller bezeugt, zögern sie nicht, die rationalistischen und demokratischen Ideen und Ideale über Bord zu werfen, die einmal den Kern des emanzipatorischen Auftrags der Intellektuellen ausmachten, um am Ende in mehr als einem Fall zu Thematik und Tonlage der »konservativen Revolutionäre« zurückzufinden.

Dieser ästhetische Nihilismus einspricht nur allzu gut einer Epoche der Entzauberung, in der alle Träger bzw. Anlässe des Fortschrittsglaubens sich nacheinander verflüchtigt haben: Krise der Arbeiterbewegung, die – ohne begriffliche Mittel zu ihrem Verständnis – sich mit neuartigen, im Zuge tief greifender Veränderungen der Produktionsstrukturen sich durchsetzenden Herrschaftsformen konfrontiert sieht; Krise der Befreiungsbewegungen in der Dritten Welt, die stärker noch durch die unbarmherzige Logik des Sozialen als durch politische oder religiöse Dogmen (deren grob vereinfachende Unerbittlichkeit natürlich auch nichts regeln konnte) häufig zu verschärfter Unterdrückung getrieben worden sind; Krise der kommunistischen oder sozialistischen Utopien, die, einmal auf den Boden der Wirklichkeit bürokratischer Perversionen zurückgebracht, den Hang der Apparatschiks zu Sektierertum und »Patrimonialismus« (Max Weber) zur vollen Entfaltung kommen ließen; Krise der Einrichtungen der Bildungsproduktion und -reproduktion, insofern das Trauma der 1960er Jahre allen Inhabern akademischer Macht von Berkeley bis Berlin beigefügt wurde, in den tiefsten Schichten des Unbewussten eine heillose Angst vor jeglicher »nivellierenden Gleichmacherei« hinterlassen hat. Man hat so den Eindruck, als ob die kollektive Demoralisierung dadurch, dass sie die Verpflichtungen untergräbt, die seit Anbeginn – seit Zola und der »Dreyfus-Affäre« – der gesellschaftlichen Bestimmung des Intellektuellen eingeschrieben war, den privaten Zynismen freien Lauf ließe; als ob die Aufhebung der Zensur im Zusammenhang mit dem, was einige das »Ende der Ideologien« nennen, die bislang sorgfältig verdrängten Triebe, Interessen und Phantasmen befreit hätte.

Diese Stimmung von Entzauberung und Ernüchterung in ihren Grundlagen selber zu bekämpfen, war die Absicht der von den Professoren des Collège de France geleisteten Reflexion auf die möglichen Funktionen der Institution Schule.* Es galt daher, dieser Analyse, die soziologische Zwänge und Notwendigkeiten zur Kenntnis nehmen sollte, ohne in soziologische Resignation zu verfallen, die sich dem historizistischen Relativismus entziehen sollte, ohne in die apodiktischen Urteile eines szientistischen Absolutismus zurückzufallen, kraft der Autorität einer prestigereichen Institution ein Höchstmaß an gesellschaftlicher Durchschlagskraft zu verleihen.[1] Eine derartige, von jedem Zynismus freie und gleichwohl des Dogmatismus nicht verdächtige *Realpolitik der Vernunft* lässt sich auf nichts anderem begründen als auf einer historischen Wissenschaft von der Wissenschaft oder, genauer, auf einer Wissenschaft von den historischen und sozialen Bedingungen der allmählichen Entwicklung jener einzigartigen sozialen Welten, innerhalb derer eine zutiefst geschichtliche und dennoch auf ihre Geschichte nicht reduzierbare Vernunft entsteht und wirkt.

Eine Politik, deren erklärtes Ziel es ist, die realen gesellschaftlichen Bedingungen herzustellen, unter denen sich die Vernunft voll entfalten kann, bedarf als unterstützende Maßnahme der rationalen Gestaltung des Bewusstseins der vielen, folglich der rationalen Organisation der Einrichtungen, denen die Vermittlung rationaler Einstellungen

* *Hier wird Bezug genommen auf die unter Federführung Bourdieus von den Mitgliedern des Collège de France ausgearbeiteten »Vorschläge für das Bildungswesen der Zukunft« (Anm. d. Hrsg.).*

obliegt. Auf diesem Hintergrund lässt sich ein realistisches Programm zur Kontrolle der negativen Effekte entwerfen, die – wie die Durchsetzung willkürlicher Hierarchien, die lebenslangen Auswirkungen totaler und absoluter Sanktionen und Negativurteile usw. – durch die Logik und Funktionsweise der Institution Schule hervorgebracht werden.[2] Man kann sogar, ohne sich in utopischen Entwürfen oder Luftschlössern gänzlich zu verlieren, in den Grenzen dieser Institution auf der Grundlage ihrer relativen Autonomie und des spielerisch-zweckfreien Charakters dessen, worum es in ihr geht (und nichts anderes heißt *Scholé*), einen sozialen Raum zu schaffen suchen, der dem Wirken der Vernunft förderlich ist.[3]

Wohl dürfte es keine überhistorischen Universalien der Kommunikation geben, dafür aber gesellschaftliche Organisationsformen des kommunikativen Austausches, die die Hervorbringung von Universellem begünstigen. Um die »systematisch verzerrte Kommunikation« (Jürgen Habermas), die auch im Kultur- und Bildungsbereich weiter besteht, außer Kraft zu setzen, bedarf es mehr als der moralischen Ermahnung zur Respektierung der verhöhnten Universalien: Allein eine wirkliche Politik der Vernunft kann zur Änderung der Kommunikationsstrukturen beitragen, indem sie daran arbeitet, zugleich mit den Funktionsweisen der Welten, in denen Diskurse mit Universalitätsanspruch entstehen, auch die Dispositionen und Einstellungen der in ihnen wirkenden Akteure zu ändern, also die Institutionen, die – wie die Schule – am stärksten mitwirken, jene zu formen.

Dies alles mag utopisch und abstrakt klingen, heißt aber sehr konkret, dass Schule und Wissenschaft der bevorzugte Ort der Auseinandersetzung um das Universelle sein können und sein sollen – jenes Universellen, das – aus mannigfachen Gründen, und im günstigsten Fall, um sich nicht dem Verdacht auf Standesdenken auszusetzen

– Akademiker und Wissenschaftler mit Vorliebe eher auf die Ebene der letzten großen Menschheitsfragen übertragen – wo dann ihre Macht um so rascher an ihre Schranken stößt. Es geht darum, mit der aristokratischen Geringschätzung und Verachtung für die Dinge der Schule, die bekanntermaßen auf der sozialen Stufenleiter intellektueller Gegenstände nicht sehr weit oben stehen, zu brechen und zu prüfen, wie eine ihres Auftrags stärker bewusste Schule das Instrumentarium, das man braucht, um mit den von den übrigen Kommunikationsinstanzen gelieferten Botschaften angemessen umgehen zu können, auf breiterer Basis und methodischer verteilen kann, wie sie, statt sich in verbale Exorzismen der »Moderne« zu stürzen, allen die Mittel an die Hand geben kann, mit denen sich die ambivalenten, für die widersprüchlichsten Verwendungsweisen offenen Ressourcen und Rekurse, die jene in Fülle anbietet, meistern lassen. Ich denke an die Verbreitung von Waffen zur Abwehr jener symbolischen Schläge, die heute immer häufiger im Namen der Wissenschaft verübt werden: Meinungsumfragen, offizielle Statistiken, »Experten«-Urteile usw.[4] Im wissenschaftlichen Feld und – so weit es geht – in dem der Schule Diskussionsräume einzurichten, in denen Sprachkritik im Sinne von Karl Kraus geübt wird, könnte zumindest einen – wie es bei den Ethnologen heißt – »Demonstrationseffekt« auslösen, der allen exemplarischen Prophetien eigen ist. Überall dort, wo Worte durchaus töten können – wo von Arbeitsimmigration, aber auch von Frauen und Jugendlichen die Rede ist –, wäre eine derartige Sprachdisziplin von unschätzbarem Wert – und von den Intellektuellen systematisch und in Abstimmung auch ins Politische hineinzutragen. Damit wäre eine kollektive, institutionalisierte Form von symbolischer Wachsamkeit errungen, ähnlich der, die durch die Frauenbewegung mit Erfolg durchgesetzt worden ist.

Eine solche Aufmerksamkeit für die Sprache, die die Schule für alle mündlichen wie schriftlichen Formen des symbolischen Austauschs einführen könnte, wäre nur eine, sicher aber vorrangige, Anwendung der reflexiven oder, wenn man will, selbstkritischen Einstellung, die die Bildungsinstitution zu vermitteln hätte. Diese Reflexivität ist der entschieden historizistischen Vorstellung immanent, derzufolge – in einer sonderbaren Umkehrung des herkömmlichen Bildes vom Verhältnis zwischen den Wissenschaften – die Vernunft und insbesondere die wissenschaftliche Vernunft in ihrer nach gesellschaftlicher Auffassung vollkommensten Gestalt (nämlich der Naturwissenschaften, an denen mit Vorliebe die Leistungen der historischen Wissenschaften gemessen werden) keine andere Grundlage finden kann als in einer historischen Wissenschaft von den – sicher ganz einzigartigen – historischen Bedingungen des Auftretens der Vernunft.[5]

Anmerkungen

[1] Die Grenzen, die der Handlungsfähigkeit der Bildungsinstitutionen gesetzt sind, werden in den *Vorschlägen* mehrfach zum Thema gemacht (so im 5. Grundsatz, wo es heißt: »Diese Revisionen sind natürlich nur dann akzeptabel und durchführbar, wenn dabei ganz realistisch die der Institution Schule eigenen Zwänge und Beschränkungen in Rechnung gestellt werden«); ebenso aber auch die Grenzen der Einflussmöglichkeit auf diese Institution (im letzten Grundsatz sind vorausschauend die Hindernisse genannt, auf die die vorgeschlagenen Maßnahmen aller Wahrscheinlichkeit nach stoßen werden, darunter eines, das vom Standpunkt eines Programms aus, welches die verhängnisvollen Folgen bestimmter sozialer und mentaler Hierarchien aufdeckt, scheinbar am wenigsten zu erwarten ist: der scheinegalitäre Formalismus).

[2] Ziel der *Vorschläge* ist es, *alle* – d.h. alle in den Grenzen der Institution überhaupt wirksamen – Eingriffsmöglichkeiten zu benennen, mit denen sich der Beitrag der Bildungsinstitution zur gesellschaftlichen Reproduktion beschränken lässt. Nur wer vollkommen

naiv die tatsächlichen Möglichkeiten dieser Institution überschätzt, kann ihr mehr abverlangen als die größtmögliche *Verminderung* ihres Beitrags in der Weise, dass sie es vermeidet, die Auswirkungen der Mechanismen, die bewirken, dass Bildungskapital zu Bildungskapital kommt, noch durch ihre eigenen Sanktionen (denen ein ganzer Komplex von Mechanismen und Vorstellungen, darunter die Begabungsideologie, den Anschein von Neutralität verleiht) zu verdoppeln oder zu verstärken. (Von daher ist die Betonung des Schicksal bestimmenden Einflusses der Schule und alles dessen, was *genuin von ihr selbst* und den in ihr wirkenden Akteuren abhängt, zu verstehen.) Der Realismus der *Vorschläge* bekundet sich ebenso in dem, was sie nicht sagen – was aber der bewusst oder unbewusst an der Wahrung des Bestehenden mitschuldige Utopismus so gerne ausspricht –, wie in den konkreten Maßnahmen, die sie formulieren.

3 In den *Vorschlägen* ist eine Organisation der Schulgesellschaft entworfen, die von sich aus, ohne explizite Vermittlung, Folgen auf der Ebene der Logik wie der Ethik haben würde: Dazu gehört die Einführung kollektiver Formen des Wettbewerbs wie die Einbindung der Schule in Netzwerke der Soziabilität oder der gegenseitigen Hilfe, die geeignet sind, Erfahrungen gemeinschaftlichen Handelns zu fördern.

4 In den *Vorschlägen* sind zahlreiche Beispiele pädagogischen Handelns angeführt, die eine gleichermaßen wissenschaftliche wie politische Funktion erfüllen, indem sie Instrumente der Kritik bereitstellen und, weitgehender noch, indem sie die Entwicklung einer kritischen Einstellung gegenüber jedweder Art von Botschaft fördern. Ein Beispiel unter vielen: »Kritisch auf die Gültigkeitsgrenzen wissenschaftlicher Operationen und Ergebnisse zu achten, ist um so wichtiger in einer Welt, in der ständig mit Prozentzahlen und Wahrscheinlichkeiten gearbeitet wird: Nicht viele Staatsbürger machten sich ein klares Bild von den Konsequenzen, die sich binnen eines Jahrzehnts daraus ergeben können, dass eine wirtschaftliche Kennzahl um ein Prozent höher (oder niedriger) liegt ...« Durch eine andere Art der Wettervorhersage (unter Zuhilfenahme von Wahrscheinlichkeiten) oder der Darstellung von Umfrageergebnissen (unter Hinweis auf den Sicherheitsgrad) und, allgemeiner, durch Einübung der Fehlerrechung sowie die Anwendung der Wahrscheinlichkeitsrechnung auf den Begriff des Maßes selber, ließe sich bei allen eine kritische Einstellung gegenüber nicht nur der Wissenschaft und deren Gebrauch entwickeln, sondern auch gegenüber jeder Art von Autoritätsdiskurs, der der Wissenschaft konstitutiv ist.

5 In den *Vorschlägen* – in viele europäische Sprachen übersetzt und in akademischen wie gesellschaftlichen Kreisen diskutiert – lassen sich *erste Elemente* eines realistischen, auf ein einheitliches Han-

deln der europäischen Intellektuellen zugeschnittenen Programms ausmachen. Unter den Zielsetzungen, die sich zunächst bei einem im November 1985 von der Stiftung Hugot des Collège de France organisierten Treffens europäischer Intellektueller, dann bei weiteren Kontakten herausgeschält haben, sind zu nennen: Verteidigung von Kunst und Wissenschaft gegen äußere Zwänge, genauer gesagt, gegen politische Pressionen und Repressionen, aber auch gegen die Zwänge der die Kunst und Wissenschaft verwaltenden Bürokratien wie gegen die Erschleichungen und Einmischungen des Journalismus; Kontrolle des gesellschaftlichen Verwendungszusammenhangs von Wissenschaft (im Nuklearbereich selbstverständlich, aber auch anderswo) wie Widerstand gegen den Machtmissbrauch der Wissenschaft oder scheinbar wissenschaftlicher Techniken; Entschlossenheit, Kunst und Wissenschaft von den mehr oder minder direkten Formen des Kulturimperialismus zu säubern – durch Verteidigung der europäischen Tradition in dem ihr Eigenen (wofür unser aller Bewusstsein zu schärfen ist), durch die Gründung gemeinsamer Mitteilungsorgane (z.B. in Form eines europäischen Bücherjournals), durch die verstärkte Förderung des kulturellen Austausches mit dem Ziel, Isolationismus und Chauvinismus aufzubrechen (vermittels einer Politik wechselseitiger Übersetzungen, des regelmäßigen und stärkeren Austauschs wie Kontakts von Studenten und Forschern), usw.

Vorschläge des Collège de France für das Bildungswesen der Zukunft

Die von den Professoren des *Collège de France* im März dieses Jahres auf Ersuchen des Präsidenten der Republik diesem zugestellten »Vorschläge für das Bildungswesen der Zukunft« sind nicht nur deshalb bemerkenswert, weil Pierre Bourdieu, der sonst eher als skeptischer Bildungskritiker gilt, federführend bei diesem Text war, sondern noch mehr, weil sich das erlauchte Gremium der rund 50 bedeutenden Vertreter unterschiedlichster Fachrichtungen, die dem Collège angehören, auf diese Empfehlungen einigen konnte. Denn diese beschränken sich nicht auf Unverbindliches, sondern enthalten kulturpolitische Forderungen, von denen manche – wie etwa die nach Autonomie nicht nur der Universitäten, sondern auch der Schulen, und entsprechender Umgestaltung der staatlichen Bildungsverwaltung – nach z.B. auch deutschen Erfahrungen politisch erhebliches Missfallen erregen können und andere – wie das Konzept einer interkulturellen Erziehung und der Ruf nach einer europäischen Fernuniversität – nicht nur Frankreich angehen. Der Inhalt der über 30-seitigen Denkschrift wird im Folgenden zusammengefasst, die neun »Grundsätze« werden im vollen Wortlaut (kursiv gesetzt) übersetzt.

Einleitend wird die Notwendigkeit, die Grundprinzipien des Bildungswesens zu überdenken, mit einer Vertrauenskrise diesem gegenüber begründet. Diese Krise wird teils auf externe Entwicklungen, wie die massive Konkurrenz durch außerschulische Informationsmedien einerseits, den Wandel in der Erziehungsfunktion von Instanzen wie Familie, Betrieb und örtliche Gemeinschaften andererseits, zurückgeführt, teils aber auch auf Veränderungen im Bildungssystem selbst und in dessen Verhältnis zum Beschäftigungssystem (z.B. Entwertung der Abschlüsse). Die Empfehlungen werden in eine grundsätzliche Spannung zwischen widersprüchlichen Forderungen gestellt; insbesondere sollen sie die gegensätzlichen Forderungen einer (sozusagen technokratischen) Modernisierung einerseits und einer moralisch politischen Zielsetzung (Demokratisierung der Gesellschaft) andererseits möglichst weitgehend in Einklang bringen.

***

1. Einheit der Wissenschaft und Pluralität der Kulturen. Ein ausgeglichenes Bildungswesen muss in der Lage sein, den dem (natur-)wissenschaftlichen Denken eigenen Universalismus mit dem Relativismus der Humanwissenschaften, denen es um die Pluralität der kulturgebundenen Lebensweisen, Erkenntnisformen und Arten des Empfindens geht, in Einklang zu bringen.

Der wesentlich kritische wissenschaftliche Geist der Bildung soll gegen Irrationalismus und Rationalitätsfanatismus, gegen Manipulation jeder Art und ideologischen, politischen, religiösen Druck, gegen Missbrauch symbolischer Gewalt sowie der Autorität der Wissenschaft selbst wappnen. Eine Bildung mit stark historischem Akzent, aber auch mit der Öffnung zu fremden Kulturen und Religionen, soll Toleranz, Solidarität zwischen den Kulturen, Zusammenleben und Kommunikation von Angehörigen verschiedener Kulturen ermöglichen, eine ethnozentrische Auffassung von Weltgeschichte abbauen und von der Primarschule an einen – zugleich auch sozialgeschichtlich-soziologisch »realistischen« – Sinn für kulturelle Mannigfaltigkeit entwickeln, also ein neues, interkulturell-geistesgeschichtlich und zugleich kritisch-sozialwissenschaftlich fundiertes Bewusstsein ermöglichen. Dies wird ausdrücklich als »ethische« Forderung an das Bildungswesen gestellt.

2. Ein breiteres Spektrum der Formen von Leistung/Hochbegabung (»excellence«). Das Bildungswesen muss alles daran setzen, die monistische Vorstellung von »Intelligenz« zu bekämpfen, die dazu führt, die unterschiedlichen Formen von Leistung zu hierarchisieren und einer bestimmten Form unterzuordnen; und es muss stattdessen für eine größere Vielfalt sozial anerkannter Formen kultureller Leistung sorgen.

Der Abbau der schulischen Begabungshierarchie, insbesondere der als Auslesekriterium einseitig übersteigerten

Vorherrschaft einer bestimmten mathematisch akzentuierten Begabungs-/Bildungsrichtung (»Section C oder S der Lycées«) wird gefordert, auch um soziale Hierarchien sowie eine kulturell, psychisch und sozial schädliche (z.B. Irrationalismus fördernde und Bildungsfeindschaft provozierende) Fehlentwicklung des Bildungswesens abzubauen. Im Interesse der Wissenschaft wie der Gesellschaft wendet man sich gegen die Höherbewertung von »reinem«, »theoretischem« gegenüber »praktischem«, »anwendungsorientiertem« Wissen auf allen Stufen, von den Wissenschaften bis hinab in die Schule, wo ein stärkeres Gewicht für konkrete und praktische Formen des Wissens und Könnens in den Curricula, für das praktische Tun in der schulischen Didaktik und schließlich auch für die künstlerische Betätigung gegenüber einer »Tendenz zum Formalismus« und einem Übergewicht des Sprachlichen gefordert wird. Propagiert wird ein Gleichgewicht zwischen Logik- und Rationalitätsorientierung einerseits, Praxis der experimentellen Methode, aber auch manueller und körperlicher Gewandtheit andererseits. Wissenschaftlichkeit wird durchaus als wesentliches Bildungsmoment auch für die Pflichtschule gefordert, aber vor allem als Form des Herangehens an die Realität, z.B. des praktisch-kritischen Umgangs mit Statistiken, Wahrscheinlichkeiten, Relationen, Risiken.

3. Vervielfachung der Chancen im Leben. Es wäre wichtig, die Folgen negativer schulischer Urteile so gut wie möglich abzumildern und zu verhindern, dass schulischer Erfolg bzw. Misserfolg zur definitiven Garantie bzw. Verweigerung des Lebenserfolgs führen; dazu wäre eine breitere Auswahl von Bildungsgängen, eine stärkere Durchlässigkeit zwischen diesen und eine Abschwächung irreversibler Brüche erforderlich.

Die sozialen und persönlichen Folgen (Begünstigungen gegenüber Stigmatisierung, Entmutigung und »Hexenkreis des Versagens«) der schulischen Auslese werden als außerordentlich gravierend betrachtet. Ihre Beseitigung soll aber nicht durch Verzicht auf Auslese erreicht werden, sondern durch optimale Sicherung gleicher Ausgangschancen (auch durch bessere Ausstattung der Schulen), im Bildungsgang zunehmende institutionelle Spezialisierung aufgrund von Erprobung durch die Schüler, vor allem aber durch eine veränderte Haltung der Lehrer – sie sollen eher Berater für den Bildungsgang ihrer Schüler sein und kein Recht zu definitiv abwertenden Urteilen über die Fähigkeiten oder gar die Persönlichkeit (und damit Lebenschancen) ihrer Schüler haben – in Verbindung mit einer größeren Vielfalt von Bildungsgängen und erhöhter Durchlässigkeit zwischen diesen. Diese Bildungsgänge sollen »sozial gleichwertig« gestaltet werden, mit gezielten Maßnahmen zur Aufwertung der als minderwertig geltenden Bildungsgänge (besonders gute Lehrer, bessere materielle Ausstattung). Dazu soll auch im Berufsleben das Berechtigungswesen im öffentlichen Dienst durchbrochen werden, indem grundsätzlich ein bestimmter Anteil der Einstellungen oder Beförderungen aufgrund erwiesener beruflicher Leistung und nicht aufgrund von Bildungstiteln vergeben wird. Titel sollen nicht lebenslang wirksames Anrecht, sondern »eine Information unter anderen« sein. Schließlich sollen die Versager-Effekte auch durch eine veränderte Anwendung des Wettbewerbsprinzips in der Schule gemildert werden, indem Wettbewerb zwischen Schüler-Lehrer-Gemeinschaften bzw. Projekten (analog zu Sportwettkämpfen) an die Stelle individualisierter Leistungskonkurrenz zwischen den Schülern tritt.

4. Einheit in und durch Pluralismus. Das Bildungswesen sollte den Gegensatz von Liberalismus und Etatismus überwinden, indem es die Bedingungen für einen wirklichen Wettstreit autonomer und verschiedenartiger Institutionen

schafft, wobei zugleich benachteiligte Personen und Institutionen vor der Gefahr zu schützen sind, dass sie einer ungezügelten Konkurrenz zum Opfer fallen.
Ein vielfältiges Bildungsangebot auf der Basis der Autonomie miteinander wetteifernder Einrichtungen wird als Zielzustand angestrebt, der ein sowohl leistungsstärkeres als auch gerechteres System dank der bereits erwähnten pädagogischen Konkurrenz ermöglichen würde. Zu erreichen wäre dieses Ziel – primär auf Hochschulniveau, aber auch in der Schule – durch das Zusammenwirken einer ganzen Reihe unterschiedlicher Maßnahmen.

Autonomie der Forschungs- und Hochschuleinrichtungen, die volle Selbstbestimmung in Forschung, Lehre (fach- und berufsbezogen), Gestaltung der Abschlüsse und Regelung der Studentenströme umfassen sollte, wäre insbesondere durch Haushaltsautonomie auf der Grundlage einer gemischten Finanzierung durch staatliche, regionale, kommunale und private bzw. Stiftungsmittel sowie Einkünfte aus staatlichen oder privatwirtschaftlichen Aufträgen, eventuell sogar Beiträgen der Studenten und ehemaligen Absolventen zu gewährleisten. Der Staat hätte vor allem kulturell wichtige, aber wirtschaftlich nicht rentable Bildungsangebote zu finanzieren und den Folgen einer »wilden Konkurrenz« vorzubeugen. Dieses Autonomieprinzip sollte mittels Modellversuchen zunehmend in den Sekundarbereich hinein ausgeweitet werden. Jede Sekundarschule sollte neben einem allgemein verbindlichen Grundlehrstoff besondere Spezialisierungen anbieten; das bedeutet konkurrierende, verschiedenartige Bildungsangebote der Schulen, die dazu einer größeren Autonomie z.B. auch bei der Lehrerrekrutierung bedürfen. Diese »Ersetzung der heimlichen Konkurrenz durch einen offenen Wettstreit« bedeutet eine *Neudefinition der Rolle des Staates,* dem es insbesondere obliegt, Konkurrenznachteile und Benachteiligungen von Individuen und Einrichtungen ständig systematisch zu bekämpfen (z.B. durch Stipendien und weitere gezielte Finanzmaßnahmen) und eine allgemein verbindliche Grundbildung für alle, unabhängig von allen kulturellen Besonderheiten, zu gewährleisten (u.a. mithilfe von Bildungsfernsehen und Videotechnik). Die staatlich festzulegende Grundbildung sollte primär als Basis fürs Weiterlernen, als Lernen des Lernens und Erlernen generalisierbarer, transportierbarer Denkformen gestaltet werden und insbesondere auch Rede- und Schreibfähigkeit umfassen; dies bezieht sich für fremdkulturelle Minderheiten auch auf deren Muttersprache. Befürwortet werden ferner ein Frühbeginn des Fremdsprachenunterrichts sowie eine Schulvorbereitung durch die Vorschule.

Die Motivation der Lehrer soll durch Einrichtung von Gremien zur Beurteilung der fachlichen und pädagogischen Qualität der Lehrer und Schulen verbessert werden. Diese maximal fünf Jahre amtierenden Kommissionen sollen zumindest zum Teil aus schulfremden Personen bestehen und z.B. Prämien, Beförderungen, Studienreisen vergeben können. Damit sollen die Langzeitwirkung der Examensnoten und unerwünschte Nebenwirkungen des Anciennitätsprinzips zugunsten der beruflichen Leistung abgemildert werden. Ergänzend soll der Standard der spezialisierten, autonomen Sekundarschulen durch Ad-hoc-Fachkommissionen begutachtet werden. Die Staatszuschüsse sollen an die Begutachtungen gebunden sein. Die professionelle Autonomie des Lehrers bzw. des pädagogischen Teams soll gesteigert werden, auch durch Beteiligung an der Gestaltung von Unterrichtsmaterialien, methodisch-pädagogischer Innovation und Revision des Lehrstoffs. Dabei sollen reisende Kommissionen den Lehrern mit Rat und Tat zur Seite stehen, ihre Kritiken und Vorschläge aufnehmen und (sozusagen als regionale pädagogische Zentren) von Zeit zu Zeit regionale Arbeitstreffen zwischen Lehrern und Fachkräften etwa der Hochschulen organisieren.

5. Periodische Revision des Lehrstoffs. Die Lehrinhalte sollen einer ständigen Revision mit dem Ziel der Modernisierung durch Ausscheidung veralteten oder unwichtigen Wissensstoffs und möglichst schnelle Aufnahme neuer Errungenschaften unterliegen, ohne dass dabei in einen Modernismus um jeden Preis verfallen werden darf.

Es sollte ein Ausschuss zur Revision der Grund- und Sekundarschulcurricula gebildet werden, der auch für eine Lenkung der öffentlichen Bildungsinvestitionen durch Bestimmung der zu verstärkenden beziehungsweise zu beschneidenden Sektoren sowie neu zu entwickelnder Bildungsinstrumente zuständig sein soll. Im Übrigen wird vor einer verfrühten modernistischen Schein-Verwissenschaftlichung der Bildungsinhalte bei ungenügenden Voraussetzungen und auf Kosten wichtiger herkömmlicher Grundkenntnisse in den wissenschaftlichen Fächern gewarnt.

6. Innere Einheit der angebotenen Bildungsinhalte. Alle Schulen sollten ein Ensemble der auf jeder Stufe für erforderlich erachteten Kenntnisse anbieten, wobei deren historische Zusammengehörigkeit das verbindende Prinzip abgeben könnte.

Als Gegengewicht gegen die zunehmende Spezialisierung soll die Sekundarbildung eine Integration von historischer und naturwissenschaftlicher Bildung leisten, vor allem, indem auch Wissenschafts- und Technikgeschichte einbezogen werden. Die *Sozialgeschichte der Kulturleistungen* auf allen Gebieten könnte so ein Integrationsprinzip der Bildung darstellen. Zugleich wäre eine solche erweiterte Kultur- und Sozialgeschichte in Verbindung von muttersprachlichem und Fremdsprachenunterricht *interkulturell* anzulegen. Als Hilfsmittel sollten in internationaler Zusammenarbeit von Fachleuten aus den verschiedensten Gebieten entsprechende Lehrmittel – Schulbücher und Videomaterial – über die Kulturgeschichte Europas und der anderen bedeutenden Kulturkreise erarbeitet werden. Darüber hinaus sollte eine im europäischen Rahmen konzipierte Fernuniversität nach dem Muster der englischen Open University errichtet werden, gestützt auf regionale Universitätskanäle, die vor allem der Lehrerweiterbildung dient. Als Fernziel wird eine *europäische Fernuniversität* ins Auge gefasst, die auf der Basis vereinfachter Äquivalenzregelungen mithilfe des europäischen Satelliten in ganz Europa mit einem mehrsprachigen Bildungsangebot normale Hochschulabschlüsse vermittelt und so zur europäischen Einheit auf dem Gebiet der Hochschullehre und -titel beiträgt.

7. Kontinuierliche Bildung im Wechsel mit Berufstätigkeit (alternierende Bildung). Der Bildungsprozess sollte sich das ganze Leben lang fortsetzen, und es sollte alles getan werden, um den Bruch zwischen Ausbildungsende und Beginn des Erwerbslebens zu mildern.

Es sollte künftig keine Altersgrenze mehr für den Schulbesuch geben. Zur institutionellen Anerkennung der Verbindung von Arbeit und Lernen wäre eine Neukonzipierung des Begriffs Arbeit nötig, der sowohl Berufstätigkeit als auch Ausbildung einschließen muss. Sowohl unter Sachgesichtspunkten als auch aus sozialen Gründen hat Aus- und Weiterbildung als Arbeit in vollem Sinne zu gelten. Da Studium und Berufstätigkeit häufig nebeneinander herlaufen könnten, ließen sich die Universitäten als Fort- und Weiterbildungseinrichtungen konzipieren, die alle Möglichkeiten der Bildungstechnologie einsetzen, um die Kluft zwischen Bildung und Berufstätigkeit zu beseitigen, insbesondere für die Frühabgänger. Dazu sollten auch alle anderen Ansatzmöglichkeiten für die Weiterbildung bereits Berufstätiger genutzt werden, namentlich der Wehrdienst. All das verlangt ein Umdenken und einen Wandel der Bildungsorganisation, wobei erstens Bildung auch in außerschulischen Lernformen anerkannt wird und zweitens Schulen und Hochschulen organisatorisch bereit sein müssen, Weiterbildung in allen zeitlichen Arrangements (vom Sabbatjahr bis zum Abendkurs) und Arbeitsformen (z.B. Intensivkurse) anzubieten. Austausch zwischen Bildungswesen und Arbeitswelt wird sowohl in Form von Betriebspraktika wie auch umgekehrt als Fortbildung an der Hochschule befürwortet und eine allgemeine Verbreitung des Modells alternierender Ausbildung zur Realisierung des lebenslangen Lernens gefordert.

8. Nutzung der modernen technischen Verbreitungsmöglichkeiten und Medien. Der Staat sollte die ihm zukommende Rolle der Motivierung, Orientierung und Unterstützung durch intensive und systematische Nutzung der modernen technischen Möglichkeiten der Bildungsverbreitung wahrnehmen, insbesondere des Fernsehens und der Telematik, denn mit ihrer Hilfe wäre es möglich, überall und für alle optimale Bildungsangebote zur Verfügung zu stellen.

Ein wohlüberlegter Einsatz der Videotechnik wird als optimales Hilfsmittel der Bildungsarbeit dargestellt, weil dadurch hochwertige, maßgeschneiderte und pädagogisch autonom einsetzbare Unterrichtsmaterialien angeboten werden können, die ein diversifiziertes Bildungsangebot und durch entsprechende Auflagen für die Hersteller zugleich einheitliche Qualitätsstandards sowie auch den Abbau z.B. geographischer Nachteile von Bildungseinrichtungen ermöglichen. Interessierte Lehrer müssen mit der einschlägigen Technologie vertraut gemacht und auch in die Lage versetzt werden, selbst an der Entwicklung solcher Materialien teilzunehmen. Das Fernsehen sollte insbesondere im Wochenendbetrieb zur Weiterbildung und zur Schaffung einer lernfördernden Umwelt der Schule genutzt werden. Eine Kombination von Videotechnik und

EDV-Fernbetrieb sollte – zunächst auf Modellversuchsbasis – zum Abbau geographischer und sozialer Benachteiligungen genutzt werden. Allerdings bedeutet die neue Bildungstechnologie auch höhere Qualifikationsansprüche an den Lehrer, dessen Rolle sie gänzlich verändern würde, und sie macht Bildung teurer und nicht billiger. Da nur eine präzise Abstimmung von Inhalt, Gestaltung und Zielgruppenorientierung die Wirkung der Medien-Lernangebote sichert, bedarf es der Aufstellung geschulter Entwicklungs- und Beratungsteams auch zur Auswertung der Versuchsergebnisse im Hinblick auf eine allmähliche allgemeine Verbreitung.

9. Eine autonome und offene Schule. Die Schulen sollten Außenstehende an ihren Entscheidungen und Aktivitäten beteiligen, ihr Handeln mit den anderen Kulturvermittlungseinrichtungen abstimmen und selbst zum Kristallisationspunkt für ein neues Gemeinschaftsleben und damit Ort einer wirklichen staatsbürgerlichen Bildung werden; parallel dazu wäre die Autonomie der Lehrerschaft durch Steigerung ihrer fachlichen und pädagogischen Kompetenz zu stärken.

Um die geschlossene Welt des Bildungswesens zu öffnen, sollten alle Einrichtungen der Kulturvermittlung (bis hin zu Museen usw.) Außenstehende für eine aktive (u.a. auch finanzielle) Mitverantwortung und Mitgestaltung gewinnen. Die Schule ist nicht mehr einzige Bildungseinrichtung, sondern muss ihren Ort in einem ganzen Netz außerschulischer Bildungseinrichtungen – vom Fernsehen bis zum Jugendzentrum – bewusst und systematisch neu bestimmen sowie ihre eigene Arbeit darauf abstimmen: Ihre Aufgabe liegt einerseits in der Ausbildung grundlegender Denk- und Erkenntnisfertigkeiten und andererseits in der kritischen Synthese all des Wissens und Halbwissens, das andere Medien oft viel wirksamer vermitteln, sowie in der

Befähigung zur Kritik an diesen (wozu die Lehrer spezifisch ausgebildet werden müssen). Eine offene Schule sollte im Kontakt mit Eltern und örtlicher Bevölkerung schließlich zum Zentrum eines kulturellen und sozialen Lebens werden, das verschiedene Generationen ebenso wie einheimische und ausländische Bevölkerung verbindet und weitere soziale Aufgaben übernimmt. Sie würde dadurch zum Ort einer praktischen staatsbürgerlichen und moralischen Erziehung zur Verantwortung und Solidarität, aber auch zu Grundlagen des Zusammenlebens und -arbeitens wie Selbstbeschränkung und Zuverlässigkeit. Die erhöhte Verantwortung der Lehrer wäre durch Weiterbildung mittels der Offenen Universität abzusichern, ihrer Beanspruchung u.a. durch Möglichkeiten des Tätigkeitswechsels Rechnung zu tragen. Bester Garant einer Autonomie der Schulen und Unabhängigkeit des Lehrers ist eine Stärkung seiner sowohl fachlichen als auch pädagogischen Kompetenz.

In einer *Nachbemerkung zur Anwendung* dieser Grundsätze wird nach einigen skeptischen Hinweisen auf die Gefahren von Bildungsreformen auf die Dringlichkeit besserer Arbeitsbedingungen und Leistungsanreize für Lehrer sowie einer Verbesserung der kulturellen Infrastruktur (Bibliotheken) hingewiesen, sowie auf die Möglichkeit und Notwendigkeit unverzüglicher strategisch wichtiger Einzelmaßnahmen wie Einrichtung einer Offenen Universität und eines Bildungsfernsehkanals, regionaler Lehrer-Fortbildungszentren, von Modellversuchen für die unterrichtliche Nutzung von Video- und ähnlicher Technik sowie von professionellen Entwicklungsberatern hierfür. Allerdings wird gefordert, dass Innovationen nur eingeführt werden, wenn die nötigen materiellen und intellektuellen Voraussetzungen für einen Erfolg gesichert sind und eine spätere allgemeine Einführung möglich scheint.

***

In der Öffentlichkeit und bei einzelnen Gewerkschaften sind die Empfehlungen mit großem Interesse aufgenommen worden; sie beeinflussen bereits die politische und Bildungsdiskussion in Frankreich. Inwieweit nach der eher vorsichtig zustimmenden Aufnahme von staatlicher Seite entsprechende Initiativen erfolgen, ist noch ungewiss – begrenzte Wirkungen scheinen wegen des starken Echos wahrscheinlich.

Ein Bildungsfernsehkanal- und Open-University-Projekt wird unter Mitarbeit von Professoren des Collège de France entwickelt. Da die Empfehlungen einerseits in ihrer geistigen Substanz und in einigen organisatorischen Vorschlägen bewusst über den nationalen Rahmen hinausweisen und da sie andererseits interessante Reprisen auch außerfranzösischer Reformbestrebungen enthalten – u.a. Autonomie der Bildungseinrichtungen und ihre Öffnung zur Gesellschaft, lebenslange, alternierende Weiterbildung, Lehrerweiterbildung in Verbindung mit curricularer Modernisierung, Wandel der Lehrerrolle, Aufwertung nicht einseitig-intellektueller Bildung und Ausbildung, moralische und staatsbürgerliche Erziehung –, könnten sie zugleich einen neuen Anstoß für die internationale und jedenfalls europäische Bildungsdiskussion darstellen.

Brief an die Oberschüler von Mureaux*

Ihr fordert mich auf, über die Bewegung der Oberschüler zu sprechen. Das freut mich sehr, bringt mich aber auch ziemlich in Verlegenheit. Denn ich weigere mich, von den »Oberschülern« im Allgemeinen und, mehr noch, im Namen der »Oberschüler« zu sprechen. Und wenn ich Euch etwas zu sagen habe, dann, dass Ihr vor denen auf der Hut sein solltet, die das tun: Selbst wenn diese Wortführer für Euch, in Eurem Sinne sprechen, sprechen sie doch *an Eurer Statt.*

Ich will nur einige Fragen stellen, die Euch selbst zu stellen in Eurem Interesse gelegen wäre. Zunächst, kann man überhaupt von den »Oberschülern« im Allgemeinen sprechen? Und liegt nicht ein Missbrauch der Sprache – dazu geeignet, einen wirklichen oder einen möglichen, einen bereits vollzogenen oder erst geplanten Missbrauch der Macht zu verschleiern – in dem Umstand, dass von »Oberschülern« im Allgemeinen und vor allem im Namen der »Oberschüler« im Allgemeinen gesprochen wird? Eine der Fragen, die sich viele »Oberschüler« stellen – ich weiß das, weil ich es auf Befragen immer wieder zu hören bekommen habe –, ist genau die nach der unter den »Oberschülern« herrschenden Verschiedenheit, um nicht zu sagen Disparität, Ungleichheit. Die »Oberschüler« der vorletzten Klasse des S-Zweiges[1] des Gymnasiums Louis-le-Grand,[2] die so

* *Brief, den Pierre Bourdieu am 15.11.1990 während der großen Schülerproteste an die Schüler eines Gymnasiums in einer Kleinstadt in der Nähe von Paris geschrieben hat (Anm. d. Hrsg.).*

gut wie sicher sein können, dass sie eines Tages zu der einen oder anderen wissenschaftlichen Elitehochschule zugelassen werden, haben sie irgendetwas gemeinsam mit den Schülern eines LEP[3] in Villeurbane oder Villetaneuse?[4] Es gibt aber auch andere Prinzipien der Differenzierung, die unter dem Gattungsbegriff des »Oberschülers« verschwinden. Ja, es ließe sich zeigen, dass die Eigenschaft, die die Oberschüler am unbestreitbarsten miteinander teilen, nämlich die »Jugend«, und die zum Vorwand für vereinfachende und voreilige Diskussionen über die Beziehung zwischen den Generationen herhält, äußerst verschiedenartig ausgeprägt ist. Um mich verständlich zu machen, möchte ich nur darauf hinweisen, dass die berüchtigten »Casseurs«,[5] die von den konformen Demonstranten säuberlich zu unterscheiden man sich bemüht, ganz genauso »Jugendliche« wie die »Oberschüler« sind, und dass sie die Frage danach stellen, was sie von den »Oberschülern« trennt, nicht nur was ihre besonderen Ausdrucksformen ihres besonderen Unbehagens, sondern auch was ihre besonderen Lebensverhältnisse (insbesondere ihre Beziehung zur Schule) betrifft.

Die Warnung vor den Wortführern, die ich anfangs ausgesprochen habe, bezieht sich, unter anderem, auf diese Verschiedenheit, diese Ungleichheit. Ich denke, dass der Anspruch, für die Gesamtheit der »Oberschüler« zu sprechen, einen wirklichen Gewaltstreich beinhaltet. Nun sprechen die Wortführer immer, beinahe definitionsgemäß, im Namen aller.

Was tun, um da rauszukommen? Ihr, die »Oberschüler« von Mureaux und anderswo, müsstet darangehen – aber habt Ihr die Zeit, die Lust usw. dazu? –, Euch zu *befragen,* was wirklich Euer *Unbehagen* ausmacht, und versuchen, es auszudrücken, seine Gründe oder Ursachen zu benennen. Warum solltet Ihr nicht versuchen zu schreiben – *mir* zu schreiben –, sei es persönlich, sei es gemeinsam, was *Eures Erachtens* in *Eurer* Schule nicht richtig läuft? Ich könnte Euch dann antworten und versuchen, Euch dabei zu helfen, die Untersuchung soweit wie möglich voranzutreiben.

Diese Arbeit birgt das Risiko, langwierig und beschwerlich zu werden und erst ans Ziel zu gelangen, wenn die Schlacht bereits geschlagen ist. Wird diese Schlacht aber weiterhin genauso konfus geführt wie derzeit, dann wird sie, dessen kann man sicher sein, aufs Neue beginnen. Und da wäre es dann wichtig, die Entdeckung machen zu können, dass das Wortgetöse der Wortführer und die keinen Widerspruch duldenden Behauptungen der »Kommentatoren« zu Unrecht die leise Stimme der Oberschüler von Mureaux übertönt haben.

Anmerkungen

[1] Als Elitezug fungierender mathematisch-naturwissenschaftlicher Zweig in der Oberstufe des Gymnasiums (Anm. d. Hrsg.).

[2] Pariser Elitegymnasium (Anm. d. Hrsg.).

[3] Lycée d'enseignement professionnel, berufsbildende Schule, die etwa der deutschen Fachoberschule entspricht (Anm. d. Hrsg.).

[4] Vororte von Lyon und Paris mit großen Neubau-Sozialwohnungssiedlungen, die soziale Brennpunkte bilden (Anm. d. Hrsg.).

[5] Gewalttätige Demonstranten, Steineschmeißer (Anm. d. Hrsg.).

Was anfangen mit der Soziologie?

Wichtigkeit des »kulturellen Kapitals«

Was kann heute, wo die Figur des »engagierten Intellektuellen« nur noch einen Mythos darstellt, der »Intellektuelle« im Sinne von professionellem Forscher zur gewerkschaftlichen Bewegung beitragen? Welche Legitimität, welche Art von Anerkennung erwartet er? Wie kann man nach der Geschichte und dem Scheitern der Zusammenarbeit der Intellektuellen mit der Kommunistischen Partei neue Formen des Austauschs zwischen Intellektuellen und Gewerkschaften[*] *ins Auge fassen? Dies sind global gesprochen die Fragen, auf die ich Sie gerne antworten lassen möchte.*

Aber um zu beginnen, möchte ich Ihnen eine erste Frage stellen. Das Feld Ihrer Forschungen ist ziemlich weit entfernt von den soziologischen Fragen, die für gewöhnlich von den Gewerkschaftern angegangen werden. Sie haben wenig über die Soziologie der Arbeit, das Unternehmen oder die industriellen Beziehungen geschrieben, Sie haben dafür viel über die Schule, das kulturelle Feld gearbeitet. Ihr letztes Buch[**] *handelt von den Mechanismen der Selektion und der Konstitution dessen, was Sie den »Staatsadel« nennen. Inwiefern können diese Analysen einer gewerkschaftlichen Organisation von Nutzen sein?*

---

[*] *Das Interview wurde mit der Gewerkschaftszeitung der CFDT, der sozialistischen, basisdemokratisch orientierten Gewerkschaft geführt (Anm. d. Hrsg.).*

[**] *»La Noblesse d'Etat«, Paris, Editions de Minuit, 1989 (deutsch »Der Staatsadel«, Konstanz, UVK, 2004) (Anm. d. Hrsg.).*

Ich denke, dass die Erziehungsvariable, das kulturelle Kapital, ein fast ebenso machtvolles Differenzierungsprinzip ist wie das ökonomische Kapital. Es gibt eine komplette neue Logik des politischen Kampfes, die man nur verstehen kann, wenn man die Verteilung des kulturellen Kapitals und seine Entwicklung im Kopf hat … Ich denke, dass die CFDT unter ihren Anhängern eine Menge Leute hat, die Quasi-Intellektuelle sind, die auf jeden Fall auf die eine oder andere Weise auf dem intellektuellen Pol angesiedelt sind. Man muss diese Dinge in Rechnung stellen, wenn man angemessene politische oder gewerkschaftliche Strategien entwickeln will. Insbesondere muss ein gewerkschaftlicher Diskurs in Gang gebracht werden, und die CFDT ist ein Ort, wo die neue Abstimmung der traditionellen Logik der Militanz und der neuen kulturellen Ansprüche aufeinander entwickelt werden könnte.

Um in dieser Richtung fortzufahren: Es ist richtig, dass Sie seit Ihren ersten Arbeiten von Les Héritiers,[1] La Distinction[2] oder La Reproduction[3] – bis zu La Noblesse d'Etat[4] nie aufgehört haben, diese Arbeit über das kulturelle Kapital, die sozialen Mechanismen der Aneignung dieses Kapitals, die gesellschaftlich anerkannte Definition der legitimen Kompetenz weiterzutreiben. Ich habe mich gefragt, wie die Gewerkschaftsarbeit von Ihren Analysen der »symbolischen Repräsentation« der gesellschaftlichen Ordnung profitieren könnte, die mir für Sie eine bedeutsame Rolle im System der Kräftebeziehungen zwischen den gesellschaftlichen Gruppen zu spielen scheint?

Wenn ich in den 1980er Jahren wegen jenes Versuchs einer gemeinsamen Aktion Intellektuelle-CFDT[5] an die CFDT gedacht habe, so deshalb, weil sie mir aufgrund ihrer historischen Tradition und auch aufgrund ihrer Position im Feld der Gewerkschaften besonders sensibel für Probleme erschien, die in meinen Augen sehr wichtig sind: die Probleme des Symbolischen. In den traditionellen Kämpfen sind die Gewerkschaften, die Parteien zwei oder drei politische Revolutionen im Rückstand.

Können Sie das präzisieren?

Aus historischen Gründen. Weil Frankreich ein Land ist, in dem es viele soziale Bewegungen gegeben hat, in dem die Beherrschten seit langer Zeit mit Kämpfen konfrontiert sind, ist der Umgang mit den sozialen Beziehungen sehr subtil, sehr raffiniert, sehr komplex, und insbesondere der Umgang mit der symbolischen Dimension der Herrschaft, mit dem, was an der Herrschaft durch die Kultur ausgeübt wird ... Das politische Bewusstsein ist hier nicht nachgekommen. Ein Beispiel, das eins meiner Steckenpferde ist, sind die Umfragen: Sie sind eine der subtilsten Waffen von Herrschaft, die vornehmlich auf das politische Milieu ausgeübt wird und die nicht analysiert ist. Man weiß nicht, wie sich dagegen verteidigen.

»Umfragen« und Demokratie

Sie hatten einen Artikel über die Umfragen geschrieben, der den Titel hatte »Die öffentliche Meinung existiert nicht«.[6]

Ja, aber diese Analysen werden, willentlich oder unwillentlich, von Leuten, die besonders aufgeklärt und aufklärend sein müssten, nicht verstanden. Viele Intellektuelle tun so, als würden sie glauben, oder glauben wirklich, dass ich gegen die Demokratie Position beziehe, wenn ich sage, die öffentliche Meinung existiert nicht, die Umfragen sind gefährlich. Weil, sagen sie, die Umfragen darin bestehen, die

Leute zu beraten, und was gibt es demokratischeres? In Wirklichkeit sehen sie überhaupt nicht, dass die Umfrage kein Instrument demokratischer Beratung, sondern ein Instrument rationaler Demagogie ist. Die Demagogie besteht darin, die Triebe, die Erwartungen, die Leidenschaften sehr gut zu kennen, um sie zu manipulieren oder ganz einfach, um sie zu registrieren, sie zu bestätigen, was das Schlimmste sein kann (man denke nur an die Todesstrafe oder den Rassismus). Die Sozialwissenschaften werden oft als Herrschaftsinstrument benutzt. Die Konservativen aller Länder, Stalinisten oder Reaganisten, sind gegen die Sozialwissenschaften. Doch sobald sie als Herrschaftsinstrumente benutzt werden, findet niemand mehr etwas daran auszusetzen. Das Problem ist, dass die kritischen Bewegungen nicht immer alle Waffen zur Verteidigung gegen diese Formen von Herrschaft besitzen. Die symbolische Herrschaft ist eine sanfte Form von Herrschaft, die mit der abgenötigten (oder unbewussten) Komplizenschaft derer ausgeübt wird, die ihr unterworfen sind.

Sie haben »sanfte Form« gesagt. Beim Lesen Ihrer Arbeiten hatte ich den Eindruck, dass die »symbolische Herrschaft« im Gegenteil extrem gewaltsam ist.

Ja, aber es ist eine Gewalt, die auf sehr sanften Wegen ausgeübt wird, und die so unbemerkt wirkt. Es gibt z.B. ein sehr schönes Buch, das gerade erschienen ist: Patrick Champagne, *Faire l'opinion.*[7] Das ist ein sehr wichtiges Buch, das minutiös all die Mechanismen auseinandernimmt, über die Herrschaft heute ausgeübt wird. Fernseh- oder Radiodebatten, geistvolle Leitartikel etc., die das Leben der Demokratie auszumachen scheinen, können einen außerordentlichen Zensureffekt ausüben – man hat das in der Golfgeschichte gesehen, zumindest am Anfang –, indem sie die wirklichen Probleme verdecken. Der Konsens über die falschen Probleme, den die Journalisten erzeugen, die in einem Netz von Konkurrenz und wechselseitiger Abhängigkeit gefangen sind, bewirkt, dass all die wirklichen Probleme, die vergessen sind und nur in Krisenzeiten hochkommen, verdeckt werden.

Bildungssystem und politische Krisen

Ich werde ein Beispiel heranziehen und auf ihre Eingangsfrage, was die Erziehungs- und Bildungssoziologie zur gewerkschaftlichen Bewegung beitragen kann, zurückkommen. Man könnte sagen, dass viele der großen politischen Krisen, die sich in Frankreich seit den 1960er Jahren ereignet haben (1968, die Bewegung zur Verteidigung des privaten Bildungswesens, von der die Linke überhaupt nichts verstanden hat, die Revolte gegen die Devaquet-Reform,* die derzeitige Schülerbewegung, und ich füge die Aktionen der Koordinationsbewegungen, der Krankenschwestern, der Studenten etc. zu unterschiedlichen Zeitpunkten, hinzu), mit dem Bildungssystem zusammenhängen und mit den zentralen Funktionen, die dieses System erfüllt und die ich in »La Noblesse d'Etat« analysiert habe. Im November 1990 z.B. ist der Hochadel der Technokraten der ENA** mit einer Art von (den einstigen Bauernrevolten vergleichbarer) Revolte derer konfrontiert, die derzeit oder in Zukunft vom Bildungssystem bestellt, aber nicht abgeholt werden. Sie enthüllt, anlässlich der Vorfälle in Vaux-

* *Nach dem Staatssekretär im Erziehungsministerium Devaquet benannte Hochschulreform, die 1986 eine große Streik- und Protestwelle unter den Studenten auslöste und mit der Demission von Devaquet endete (Anm. d. Hrsg.).*

** *Ecole Nationale d'Administration, französische Elitehochschule für Verwaltung (Anm. d. Hrsg.).*

en-Velin* oder der Schülerdemonstrationen, schroff das, was die Soziologen seit 20 Jahren, aber in der Wüste, rufen ... Und man wird versuchen, auf die Schnelle, d.h. unter den schlechtesten Bedingungen, das zu tun, was seit Langem hätte getan werden müssen – mindestens seit 1981.

Die Presse und die Politiker, die auf die Presse und die Meinungsumfragen starren, entdecken die grundlegenden Probleme durch Krisen und immer zu spät. Sie entdecken die Drift der Kontinente, die Tag für Tag, Millimeter für Millimeter sich vorwärtsbewegen, wenn es ein Erdbeben gibt. Ich erinnere Sie z.B. an das Gutachten des Collège de France über das Bildungswesen der Zukunft, das im Übrigen durch ein des Lobes volles Kommuniqué der CFDT begrüßt worden war: Sie werden sehen, dass eine ganze Reihe von Maßnahmen, die heute überstürzt ergriffen werden (ich hoffe es wenigstens), dort vorgeschlagen worden waren. Ich denke z.B. an die Einrichtung eines wirklichen Gemeinschaftslebens in den Bildungseinrichtungen oder an die Reform der Ausbildung der Leute, die die Jugendlichen beaufsichtigen etc. Doch dieses Gutachten, das Bestandteil der Versprechen des Präsidentschaftskandidaten gewesen ist, ist toter Buchstabe geblieben. Warum? Man müsste über die Konzentration des politischen Milieus und der Presse allein auf das Sensationelle (daher die Ankündigungseffekte etc.) hinaus den Umstand einführen, dass die großen Gewerkschaften die Sorge, über die Probleme der Erziehung nachzudenken und zu sprechen, ihren professoralen Untereinheiten überlassen. Ich musste einmal das Gutachten des Collège de France in Deutschland diskutieren, vor einer Gewerkschaft, die alle Kategorien von Arbeitenden organisiert:** Ich versichere Ihnen, die Pro-

---

* *Vaux-en-Velin ist ein sozialer Brennpunkt in einem Vorort von Lyon mit viel sozialem Wohnungsbau (Anm. d. Hrsg.).*

** *Gemeint ist die ÖTV (Anm. d. Hrsg.).*

bleme stellten sich anders. Die Erziehung ist eine Sache aller und nicht nur des Erziehungsministers und der Erziehergewerkschaften. Man kann heute kein einziges der Probleme, die die Gewerkschaften traditionell behandeln (von der Emigration bis zur Verbesserung der Löhne oder der Arbeitsbedingungen), mehr behandeln, ohne ganz zentral die Rolle der Erziehung und des Bildungssystems in Rechnung zu stellen. Die Gewerkschaften müssen Position beziehen zu den Funktionen der Schule, zur Aufgabe der Lehrer, zur Rolle der Diplome, zur Rolle des schulischen Titels bei der Auswahl der Führungskräfte, zum Inhalt der Ausbildung etc.

»Der gesunde Menschenverstand« und der Soziologe

Die Umfragen können nur den gesunden Menschenverstand erfassen. Ihre ganze Arbeit besteht aber gerade in der Kritik des gesunden Menschenverstandes.

Ja. Die Umfragen sind »eine Wissenschaft ohne Wissenschaftler«: Sie sind ein Instrument des Registrierens, das man für objektiv hält, weil es passiv ist, während die Wissenschaft immer damit beginnt, dass sie mit dem gesunden Menschenverstand, mit den Evidenzen etc. bricht. Doch die Meinungsforscher stellen Fragen des gesunden Menschenverstandes und verstehen es nicht, den tieferen Sinn der Antworten des gesunden Menschenverstandes, die sie erhalten, freizulegen. Sie erzeugen Artefakte, Sachen, die nicht existieren, die sie aus lauter Stücken herstellen.

Letztendlich sehe ich Sie als den Soziologen der Entschleierung, der Enthüllung dessen, was verborgen ist, des Selbstverständlichen, des Ungesagten. Ich habe »Questions de so-

ciologie«[8] *noch einmal gelesen, das mir von Ihren Büchern eins der liebsten ist, in dem Sie davon sprechen, »die verborgenen Grundlagen der Herrschaft zu entschleiern«, »gegen die intellektuelle Macht ihre eigenen Waffen zu kehren«.*

Ja, aus diesem Grund ist meine Position im intellektuellen Feld nicht einfach: Ich bin als »Nervensäge« erschienen, weil ich die Dinge direkt ausspreche, weil ich die intellektuelle Welt zum Objekt mache, die sich immer die anderen Welten zum Objekt macht und die sich nur ganz selten selbst untersucht und dann mit einer Duldsamkeit, die sie nicht immer an den Tag legt, wenn sie die anderen Milieus untersucht. Doch es ist sicher, dass die intellektuelle Welt in einem sehr weiten Sinne zu dieser sanften, in ihren Mitteln raffinierten Herrschaft beiträgt: Schulsystem, Medien, Umfragen, selbst die Sozialwissenschaften. Ich könnte all diese der Bildung oder der Erziehung gewidmeten Bücher anführen, die häufig unter dem Anschein von Kritik und Fortschrittlichkeit die Interessen der Kleineigentümer von kulturellem Kapital verteidigen oder, wenn Sie das vorziehen, der Besitzer russischer Anleihen* von Bildung, die die Entwicklung des Schulsystems enttäuscht hat. Aber man müsste auch die soziale Genese all dieser falschen Debatten analysieren, die in Abständen immer wieder entbrennen und die die ganze journalistische und journalistisch-intellektuelle Welt mit Beschlag belegen: Heute ist das »die Rückkehr des Liberalismus«. Gestern oder vorgestern »das Ende der Ideologien«: dann sechs Monate später, der Mai 68 ... Einige Zeit danach war es das Ende des Strukturalismus oder der Tod des Marxismus. All das sagt so gut wie nichts. Dennoch ist es nicht ohne Wirkung. Wenn Sie Dinge predigen, die in die Richtung der Antriebe der Leute, der

* *Wertlose Staatsanleihen, die leichtgläubig erworben worden sind (Anm. d. Übers.).*

der sozialen Welt immanenten Tendenzen gehen, werden Sie leider verstanden. Wenn Sie Dinge sagen, die unbequem sind, die stören – und es ist eine Banalität zu sagen, dass die Wahrheit oft stört –, haben Sie viel weniger Chancen, verstanden zu werden. Nehmen Sie z.B. die Debatte* über das Tragen des Schleiers.[9] Die Leute, die die Debatte über diesen Gegenstand vom Zaun gebrochen haben, haben gemeinsam, dass sie nichts über die Probleme wissen, von denen sie reden, dass sie Probleme auf das Terrain der großen Prinzipien rücken, deren Wirklichkeit man nur unter der Bedingung erkennen kann, dass man sie von ganz nah betrachtet und registriert, bescheiden und methodisch beobachtet. All diese Medienphilosophen möchte ich daran erinnern, dass Sokrates auf die Straße ging und mit einem kleinen Sklaven diskutierte. Man weiß, wo heute die kleinen Sklaven sind, die man befragen, anhören, verstehen, interpretieren muss ...

Was sehr überrascht, ist, dass die kompetentesten Leute zum Schweigen verdammt sind. Zunächst, weil sie sich in den Problemen so, wie sie gestellt werden, nicht wiedererkennen und weil ihre erste Reaktion darauf wäre, in Gelächter auszubrechen. Und Sie wissen, die Journalisten lieben das nicht ... In der letzten Nummer von *Liber*[10] haben wir einen großen Spezialisten für die arabische Welt zu Wort kommen lassen. Alle Welt fand das wundervoll! Warum? Weil er von den Entdeckungen erzählt hat, die wenig bekannte Forscher, die in Ägypten, Syrien, Algerien gearbeitet haben, gemacht haben. Solche Spezialisten gibt es für alle Gegenstände. Aber sie werden oft entmutigt.

---

* *An den französischen Schulen, deren Grundlagen laizistisch sind, d.h. auf der Trennung von Kirche und Staat beruhen, entbrannte Ende der 1980er Jahre eine Debatte darum, ob islamische Mädchen das Recht hätten, verschleiert in die Schule zu kommen (Anm. d. Hrsg.).*

Der illegitimen Rede ein wenig Kraft verleihen

Verweist das nicht auf die Begriffe des Legitimen und des Illegitimen, von denen Sie sprechen? Auf die Tatsache, dass die illegitime Rede nicht verstanden werden kann?

Ja, eines der Probleme liegt da. Es geht darum, der illegitimen, häretischen, heterodoxen Rede ein wenig Kraft zu verleihen. Die Wissenschaft ist per definitionem häretisch, paradox, im Bruch mit der Doxa, d.h. der allgemeinen Meinung und dem Glauben, die die üblichen Debatten in Gang setzen. Dieser häretischen Rede ein wenig soziale Kraft zu verleihen, das ist eine Aktion, die ich für militant erachte.

Indem also die Mechanismen, durch die sich die legitime Rede konstituiert, analysiert werden?

Und insbesondere die Zensur in Bezug auf die illegitime Rede. Es gibt in jedem Moment eine Orthodoxie. Wenn Sie diesen Leuten voll guten Glaubens, ehrbar und bemüht, ihr Metier gut auszuüben, die die journalistischen Meinungsführer in Paris sind, sagen würden, dass sie eine Orthodoxie bilden, wären sie beleidigt. Dennoch, denke ich, dass sie eine Form von Orthodoxie produzieren, gegen die sich zu wenden sehr, sehr schwierig ist. Man muss viele Kräfte aufbieten, um das Durchdringen nur einiger kleiner Dinge zu erreichen.

Im Vorwort zu »Questions de Sociologie« haben Sie geschrieben: »die Soziologie wäre nicht eine Stunde Mühe wert, wenn sie ein für Experten reserviertes Wissen von Experten wäre«. Das ist ein wahrhaftes Manifest ...

Ja, aber leider ist die Soziologie oft dazu verdammt. Sie ist eine Art von Paria-Wissenschaft, die seit ihren Anfängen zu einer schwierigen und immer bedrohten Existenz verdammt ist. Es gibt ein sehr schönes Buch, das gerade ins Französische übersetzt worden ist, »Die drei Kulturen« von Wolf Lepenies.[11] Es ist die Geschichte der Beziehungen zwischen Soziologie, Naturwissenschaften und Literatur. Es ist ein Buch, das die unglückliche Situation dieser Disziplin verständlich macht, die immer ein Bastard war, hin- und hergerissen zwischen der Literatur auf der einen Seite und der Wissenschaft auf der anderen Seite; und auch, was Lepenies vergisst, zwischen der Wissenschaft und der Politik, zwischen der Strenge eines für Gleiche und Experten bestimmten Diskurses und den Leichtigkeiten oder Gefälligkeiten eines für Nicht-Spezialisten bestimmten Diskurses. Leider ist das, was man für gewöhnlich vom Soziologen erwartet, eine Form von Diskurs, der die Probleme und Vorwegannahmen der Doxa akzeptiert, der es akzeptiert, auf die Fragen der Meinungsumfragen und der Journalisten zu antworten, statt diese Fragen und die Journalisten, die sie stellen, sich zum Gegenstand zu machen, um die wahren Fragen stellen zu können, die der ununterbrochene Diskurs des Journalismus verbirgt.

Die Soziologie hat alle Mühe der Welt, sich einem großen Publikum verständlich zu machen. Dies, weil die Profis der öffentlichen Rede, die Medienverantwortlichen, die den Zugang zum großen Publikum kontrollieren, alle möglichen Gründe haben, der Verbreitung der wissenschaftlichen Erkenntnis der sozialen Welt Hindernisse in den Weg zu stellen. Das hat zur Folge, dass ein großer Teil dessen, was die Sozialwissenschaften beitragen könnten, verloren geht und dass die Errungenschaften dieser Wissenschaften nicht zum Alltagsbewusstsein durchdringen können.

Ein Beispiel: Mein Freund Aaron Cicourel, Professor an der Universität von San Diego, der untersucht, wie die Struktur der Beziehungen zwischen Kranken, Krankenschwestern, Assistenzärzten, Ärzten die Kommunikation zwischen dem Kranken und dem Arzt verändern und manchmal Diagnosefehler mit schwerwiegenden Konsequenzen zur Folge haben kann. Bis die Resultate seiner Arbeiten zum Alltagsbewusstsein vordringen und man aus ihnen Konsequenzen zieht, wird es Jahre brauchen. Unter anderem, weil der medizinische Korps sich zusammensetzt, um extreme Fälle wie das Problem der Leihmütter oder das der Euthanasie zu diskutieren, all dieser »Dinger«, die die Medien erregen und die unendlich viel weniger wichtig sind, nicht nur in Begriffen statistischer Häufigkeit, als die scheinbar vollkommen trivialen Probleme, die die Kommunikation zwischen dem Kranken und dem Arzt, zwischen dem Arzt und der Krankenschwester darstellt etc. Man muss in die dem gesunden Menschenverstand entgegengesetzte Richtung gehen, um alle Untersuchungen dieser Art durchzuführen und zur Kenntnis zu bringen.

In dem Vorwort, das Sie gerade zitierten, sagte ich weiter, ungefähr, dass der Soziologe leider nicht auf die Unterstützung derjenigen zählen kann, die jemand die »Lautsprecher« genannt hat, ihm zu helfen, seine Botschaft anzubringen. Das ist nicht immer wahr. Ich könnte sagen, dass der Dialog, den wir in diesem Moment führen, davon zeugt. Und ich entdecke jeden Tag Leute, die unter den Gewerkschaftern, den Journalisten, den Politikern (nicht zu reden von all den Anonymen, die schreiben, unterstützen, verbreiten) mit ihren Mitteln an ihrem Ort für den Versuch kämpfen wollen, dem Gehör zu verschaffen, was die Forschung zum Verständnis der »Probleme der Gesellschaft« beitragen kann. Ich kann hier nur die Opfer als Beleg anführen, die gerade vier große europäische Zeitungen auf sich genommen haben, um ein Experiment wie *Liber* möglich zu machen, d.h. eine Zeitschrift, die Künstlern, Schriftstellern, Wissenschaftlern die Möglichkeit gibt, untereinander, ohne Vermittler, zu diskutieren und die fortgeschrittensten Ergebnisse ihrer Forschungen einem Publikum von mehr als zwei Millionen Lesern selbst zu präsentieren.

Eine eindeutige gesellschaftliche Ordnung

Sie haben gerade die Krise des Marxismus angesprochen. Was man auch über den Marxismus denken mag und selbst wenn man eine Menge Schlechtes darüber denkt, muss man doch festhalten, dass er sich als eine alternative Interpretation der Welt darstellte (und nicht nur als das) und dass er diese Rolle für zahlreiche Intellektuelle und eine Mehrheit – zumindest in Frankreich – der Arbeiterbewegung gespielt hat. Bleibt nicht nur noch eine einzige legitime und monopolistische Vorstellung der gesellschaftlichen Ordnung übrig, wenn man den Marxismus für ungültig erklärt? Wie analysieren Sie heute, unter einem politischen Gesichtspunkt, die Vorstellung von der gesellschaftlichen Ordnung?

In der Tat denke ich, dass es eine ganze objektiv aufeinander abgestimmte Arbeit zugunsten des Liberalismus gibt. Und einer der Gründe für den Erfolg dieser schleichenden Arbeit (deren Auftauchen seit Ende der 1970er Jahre ich in meiner Untersuchung über die Wohnungspolitik analysiert habe) ist genau die Alternative von Liberalismus und Sozialismus, die glauben macht, dass es jenseits des Sozialismus oder des Marxismus kein anderes Heil gibt als den Liberalismus. Dies ist ein Beispiel für diese falsch gestellten Probleme, in Form einfacher Alternativen, von denen ich gerade gesprochen habe. In Wirklichkeit existieren gegenüber dem wilden Liberalismus, der in seiner Extremform nur von den Ökonomen von Chicago verteidigt wird – ein Ort auch eines der finstersten Gettos der heutigen Welt –, andere Möglichkeiten, die aber schwierig auszuarbeiten sind, zum Teil, weil vom Marxismus angenommen wurde, dass er diese Position besetzt. Während alle seit 30 Jahren in den Sozialwissenschaften erreichten Fortschritte gegen den Marxismus gemacht worden sind. Man will glauben machen, dass es den Liberalismus gibt oder gar nichts.

Je mehr die Wissenschaft voranschreitet, desto mehr zerlegt sie die großen Probleme, über die sich die Essayisten verbreiten, in kleine Stücke. Neun von zehn Malen, die man mir eine Frage stellt, bin ich unglücklich. Nicht weil das Problem zu schwierig ist, sondern weil es so schlecht gestellt ist, dass es von Anfang an den Sinn der Antwort selbst zunichtemacht. Und auch weil es jede mögliche Antwort in die Reihe der schon von den Essayisten gelieferten Antworten einreiht, die die falschen Probleme als solche produzieren oder akzeptieren. Die erste Handlung des Forschers ist, die Fragen des gesunden Menschenverstands und des Journalismus zu destruieren, sie völlig anders neu zu stellen.

Man spricht vom Ende der Intellektuellen. Wenn man ein klein wenig in Linguistik, in Geschichte, in Soziologie, in Ethnologie und in Philosophie, in Ökonomie auf dem Laufenden ist, kann man nicht mehr Topoi à la Sartre fabrizieren. Es bedarf der ganzen Dreistigkeit derer, die die Journalisten »Philosophen« nennen, um über die Probleme der Gesellschaft, wie man so sagt, mit nichts anderem als dem leichten Gepäck eines Philosophieprofessors à la française bewaffnet zu sprechen. Heutzutage ist die Sozialwissenschaft extrem reich, komplex, nuanciert, und daher rührt, dass man sehr viel mehr weiß, als dass man sehr viel klüger ist. Nehmen wir ein scheinbar einfaches Problem, das der Verteidigung der französischen Sprache oder der Frankofonie. Es gab eine Zeit, wo ein gewisser

Erziehungsminister, Freund einfacher Ideen, daraus ein Schlachtross machte. Was kann ein Linguist oder ein Soziologe oder ein Soziolinguist darüber sagen? Nichts. Außer, dass das keinen Sinn hat. Doch stellen Sie die Frage, im Namen von *Le Monde* oder des *Nouvel Observateur*, 50 Intellektuellen und Sie werden 49 ebenso jeden Sinnes bare Antworten erhalten, die die Journalisten für acht Tage beschäftigen werden. Und doch gibt es ein Problem der nationalen oder regionalen Sprachen und der Nationalismen oder Regionalismen, die dies begründen oder rechtfertigen, und man müsste sehr wohl über all das auf ein wenig methodische Weise diskutieren, insbesondere auf der Ebene von Europa. Die Spezialisten tragen durch ihr Schweigen (das freiwillig oder erzwungen sein kann) dazu bei, dem Essayismus die Schleusen zu öffnen. Das ist der Grund, warum ich mich immer darum schlagen werde, die Journalisten und alle, die eine gewisse Macht über die Verbreitungsinstrumente haben, davon zu überzeugen, dass sie gegen Freund und Feind an die besten Spezialisten appellieren müssen; und ich werde immer dafür arbeiten, die Spezialisten davon zu überzeugen (das ist nicht immer einfach! Sie haben ihre Vorsichtigkeiten, ihre Feigheiten, ihre Egoismen), öffentlich das Wort zu ergreifen, individuell oder kollektiv, zu den großen Problemen, die in ihrer Kompetenz liegen.

Das ist ein wenig eine der Arbeitshypothesen von Cfdt-Aujourd'hui, zu sagen, dass man hinter dem offensichtlichen Zusammenbruch der großen Global-Erklärungen einer Multiplikation der Wissensbestände beiwohnt, die keinen theoretischen Corpus bilden, aber durch ihren Reichtum, ihre Vielfalt von Interesse sind. Diese Untersuchungen, diese Analysen bekannt zu machen, selbst wenn sie unvollendet, fragmentarisch, widersprüchlich sind, und zum Dialog mit den Gewerkschaftern beizutragen, das sind ein wenig meine Ambitionen, wenn ich das sagen darf, für die Zeitschrift.

Wenn viele Intellektuelle sich dazu hergeben, Antworten mit Ganzheitsanspruch über das Ganze zu geben, so deshalb, weil es eine gesellschaftliche Nachfrage danach gibt und weil es sich sehr auszahlt. Wenn ich lanciere, der Marxismus ist tot, kann ich sicher sein, die erste Seite einer Kulturwochenzeitung zu kriegen. Wenn ich sage, »wissen Sie, das ist komplizierter als das« oder »die Frage ist sinnlos ...«, werde ich, natürlich, alle Mühen der Welt haben, drei Zeilen zu veröffentlichen. Man wird sagen, das ist zu kompliziert, das interessiert niemanden ... Doch es gibt viele Leute, die interessiert sind ...

Man stellt Sie als Marxisten dar, als »die emblematische Figur des französischen Marxismus«, so gerade noch in der »dem Denken« gewidmeten Beilage des Nouvel Observateur. Eine solche Anschuldigung ist heute nicht unschuldig. Sie ist eine Form, Sie an den Pranger zu stellen. Warum? Zur gleichen Zeit ist die Argumentation Ihrer Verleumder überraschend: Sie gründet sich auf die Bedeutung, die Sie der wissenschaftlichen Arbeit zusprechen; die Tatsache, dass Sie den Ökonomismus oder die mechanistischen Determinismen des Marxismus kritisieren, wird gegen Sie verwandt. »Der Beweis dafür, dass Bourdieu Marxist ist, ist, dass er den Marxismus kritisiert!«

Es sind oft dieselben, die in den 1960er Jahren, in der Zeit, in der man es zu sein hatte, mir vorwarfen, kein Marxist zu sein ... Was mich ärgert, ist, dass dies eine Nebelwand um mich herum bildet, und dass dies die Wahrnehmung meiner Arbeit verfälscht, verzögert oder verhindert.

Im Gegenteil, ich fand, dass die Vorstellung Ihrer Arbeit durch Pierre Ansart (Les Sociologies contemporaines, Points, Seuil) *peinlich genau war.*

Er ist ein großer, ehrenwerter Mann, er hat eine bemerkenswerte Arbeit geleistet, die jedem Gerechtigkeit widerfahren lässt. Ich bedaure nur, dass er glauben machen könnte, dass die zeitgenössischen Soziologien sich auf einige Namen, alle Franzosen, beschränken. Die Welt ist groß, und man muss die französische sozialwissenschaftliche Forschung dort einordnen (sie nimmt dort übrigens einen sehr guten Platz ein). Und für mein Teil, meine bevorzugten Gesprächspartner auf wissenschaftlichem Gebiet sind durchaus nicht alle und immer französisch ...

Ich denke nicht, dass man sich dafür verteidigen muss, Marxist zu sein oder nicht, sondern dass es darum geht, den wahren Kern eines Denkens wiederherzustellen – ohne damit die notwendig zu führende Debatte über Ihre Analysen vorweg entscheiden zu wollen – und die die damit verknüpften politischen Zwecke, die ihrerseits nicht neutral sind, zu bekämpfen.

Da haben Sie sicher recht. Aber ich bin manchmal entmutigt. Vor drei oder vier Jahren, als ich einen Satz schrieb, sagte ich mir: »Wenn ich daran denke, wie sie das lesen werden« ... Und das fing an, mir die Lust am Schreiben zu nehmen.

Zurzeit arbeiten Sie über die Mechanismen der männlichen Herrschaft und die Beziehungen zwischen Männern und Frauen?

Ja, und Sie haben sicher auch die Arbeit gesehen, die wir in den *Actes de la recherche*[12] über das Haus (L'Economie de la maison) gemacht haben. Das ist ein Fall, an dem man den Beitrag erkennt, den die symbolische Herrschaft zur eigentlichen ökonomischen Ausbeutung leistet. Die von den Frauenzeitschriften verbreiteten und durch die legitime Angst der Eltern als Programm übernommenen Vorstellungen insbesondere in Bezug auf die Schule und den Erfolg der Kinder (man muss ein Zimmer pro Kind haben, ein schönes Haus etc.) orientieren auf ökonomische Entscheidungen mit schwerwiegenden Folgen. Die massive Hinwendung zum Hauseigentum ist eins der wichtigsten Phänomene; dies muss man begreifen, wenn man verstehen will, was heute in der Gesellschaft und im politischen Leben vor sich geht, und insbesondere den Wandel kollektiver Mentalität, den man mit der Redeweise von der Rückkehr zum Individuum oder zum Liberalismus diffus bezeichnet. Mir ist bewusst, dass es sich um einen sehr schwierigen Text handelt: die benutzten Techniken sind sehr komplex, die Analyse selbst ist sehr minutiös und entgeht den üblichen Alternativen (alles Staat, überhaupt kein Staat etc.). Das heißt, eine bewusste politische Bewegung muss sich die Mittel an die Hand geben, um diese sozialen Mechanismen theoretisch und praktisch in den Griff zu kriegen.

Die Forscher und ihr Publikum

Aber wie ist die Kommunikation zwischen den Wissenschaftlern und den Politikern zu ermöglichen? Man muss Schaltstellen finden. Ich sage mir oft, dass es aufseiten der Forschergruppe eine Gruppe geben müsste, die nach einer anderen Logik arbeitete, um die Erkenntnisse der Forschung breiter bekannt zu machen, um den Preis einer ganz speziellen Arbeit, die nicht notwendig denjenigen obliegt, die diese Erkenntnisse produziert haben. Es handelt sich nicht um eine hochmütige Ablehnung der Verbreitung und

Popularisierung. Es ist wirklich eine andere Arbeit: Diejenigen, die die Forschung gemacht haben, haben nicht immer die Zeit, sie für ein breiteres Publikum umzuschreiben, und auf der anderen Seite verfügen sie nicht immer über die Kompetenz dazu. Ich denke, dass die Arbeit über das Haus, die wir gemacht haben, außerordentlich wichtig ist, um die politischen, gewerkschaftlichen Veränderungen zu verstehen, die Entgewerkschaftlichung, den Rückzug ins Private etc. Ich gestehe, dass ich nicht sicher bin, ob ich fähig wäre, darüber im Fernsehen zu sprechen. So gibt es Vorsprünge in der Forschung, die ein wenig verloren gehen oder die nur deformiert ankommen, umso mehr, als die Leute, die die Rolle der Vermittler spielen könnten, nicht nur sich weigern, diese Rolle zu spielen, sondern oft alles tun, was sie können, um die Kommunikation zu erschweren.

Was erwarten Sie von den Gewerkschaften von der Position aus, in der Sie sich befinden?

Das ist eine Frage, über die ich lange nachdenken müsste. Was ich nur sagen kann, ist, dass man mit allen Formen von Ouvrierismus* und mit dieser Art von populistischer Weigerung brechen muss, die Probleme wirklich intellektuell zu stellen, d.h., dass man den Intellektuellen oder zumindest den Forschern ihren Platz einräumen muss. Es gibt eine intellektuelle Arbeit, die notwendig ist: d.h. eine Arbeit der Beobachtung, der Analyse, der Kritik, des theoretischen und praktischen Erfindens. Ich verstehe und ich teile das Misstrauen, das die Intellektuellen oft hervorrufen. Aber im Namen der kritischen Wachsamkeit, die ich auf alles richte, was mein Denken und meine Arbeit gegen

* *Ein in Frankreich gebräuchlicher Begriff für die Idealisierung der Arbeiter(-klasse) – den man evtl. mit Arbeitertümelei übersetzen könnte (Anm. d. Übers.).*

meinen Willen den Zwängen, den Kräften, ja gar den Moden, die die intellektuelle Welt orientieren, schulden können, kann ich für die kritischen Intellektuellen (d.h. natürlich kritisch in Bezug auf sich selbst) einen zentralen Platz in den Befreiungskämpfen fordern.

Ich kann Ihre Absichten gut nachempfinden, weil ich mich selbst in einer etwas unbestimmten Situation »zwischen zwei Stühlen«, befinde: nicht wirklich unter den Intellektuellen anerkannter Intellektueller, noch voll und ganz unter den Gewerkschaftern anerkannter Gewerkschafter. Ihre Schriften in diese Richtung haben mich persönlich immer enorm berührt.

Was Sie sagen, freut mich, denn die Hauptintention meiner Arbeit ist, die Reflexivität herauszufordern und Waffen an die Hand zu geben, auf reflexive Weise zu denken. Das hat der Gewerkschaftsbewegung und allgemeiner den fortschrittlichen politischen Bewegungen am meisten gefehlt. Man bediente sich der Wissenschaft, um die anderen zu objektivieren, überhaupt nicht, um sich selbst infrage zu stellen.

Ich will hinzufügen, dass die Geschichte zeigt, dass die Leute, die sich im sozialen Raum in einer ungewissen, freischwebenden Stellung befinden, häufig Träger von Innovation und von Freiheit sind. Das ist vielleicht der Gegenwert der Leiden, die mit dem Bastard-Status verbunden sind. Platon sagt irgendwo über Sokrates, dass er *atopos* ist, ohne Ort, ortlos, freischwebend, ohne Heim und Herd, ich hätte Lust hinzuzufügen: ohne Glauben und Gesetz (er ist wegen Gottlosigkeit verurteilt worden, das darf man nicht vergessen). Ich fühle mich auch oft genug freischwebend, ohne Verankerung, in einer instabilen Situation. Das ist nicht immer angenehm. Es passiert mir oft, dass ich die Ruhe der Leute bewundere, die so sicher, gut verankert, in der intellektuellen Welt zu Hause sind, d.h. voller Selbstsicherheit und Gelassenheit. Aber ich bin mir nicht sicher, ob sie das zum Scharfblick, zumindest auf ihre eigene Welt, disponiert ...

Anmerkungen

[1] 1964, deutsch in: Die Illusion der Chancengleichheit, Teil 1, Stuttgart, Klett-Verlag, 1971.

[2] 1979, deutsch: Die feinen Unterschiede, Frankfurt a.M., Suhrkamp, 1982.

[3] 1970, deutsch in: Grundlagen einer Theorie der symbolischen Gewalt, Frankfurt a.M., Suhrkamp, 1973, und in: Die Illusion der Chancengleichheit.

[4] Paris, Editions de Minuit, 1989.

[5] »Les intellectuels et les pouvoirs«, in: Michel Foucault, Une histoire de la vérité, Paris, Editions Syros, 1985.

[6] Abgedruckt in Questions de Sociologie, Editions de Minuit, Paris 1980.

[7] Patrick Champagne: Faire l'opinion, le nouveau jeu politique, Editions de Minuit, Paris 1990.

[8] Pierre Bourdieu, Questions de Sociologie, Paris 1980, Editions de Minuit.

[9] Gilles Kepel, Les Banlieues de l'Islam, Le Seuil, Paris, 1987. Vom selben Autor ist gerade erschienen: Intellectuels et militants dans l'Islam contemporain, Le Seuil, Paris, 1990.

[10] Liber, »Revue européenne des Livres« ist eine zweimonatlich gemeinsam von der FAZ, Indice, El País, Le Monde herausgegebene Beilage. Die Erfahrung mit Liber wird Gegenstand eines Artikels in einer der nächsten Nummern sein.

[11] Wolf Lepenies, Die drei Kulturen, Hanser, München, 1985, 1990 als »Les trois Cultures«, Paris, Edition de la Maison des Sciences de l'homme, auf Französisch erschienen.

[12] Actes de la recherche en sciences sociales, Nr. 81-82, März 1990. S.a. die Nummern 83 (Juni 1990) und 84 (September 1990) über »masculin/féminin«.

Keine wirkliche Demokratie ohne wahre kritische Gegenmacht

Die letzte Nummer der von Ihnen geleiteten Zeitschrift[1] *hat das gesellschaftliche Leiden zum Thema gehabt. Man findet dort mehrere Interviews mit Leuten, die die Medien nicht zu Wort kommen lassen. Benachteiligte Jugendliche aus den Vororten, kleine Bauern, Sozialarbeiter. Der Direktor einer höheren Schule in Schwierigkeiten z.B. bringt seine persönliche Verbitterung zum Ausdruck; statt für die Vermittlung von Wissen zu sorgen, ist er wider Willen der Polizist einer Art Kommissariat geworden. Denken Sie, dass solche persönlichen und anekdotischen Zeugnisse geeignet sind, eine kollektive Malaise*[*] *verständlich zu machen?*

In der von uns durchgeführten Untersuchung über das soziale Leiden treffen wir auf viele Leute wie diesen Schuldirektor, die wie durchzogen sind von den Widersprüchen der sozialen Welt, die in Form persönlicher Dramen erlebt werden. Ich könnte auch auf jenen Projektleiter verweisen, der mit der Koordination aller Sozialmaßnahmen in einem »Problem-Vorort« einer kleinen Stadt im Norden Frankreichs betraut ist. Er ist mit Widersprüchen konfrontiert, die nur den Extremfall dessen darstellen, was alle so genannten Sozialarbeiter derzeit erleben: Sozialhelfer, Erzieher, untere Justizbeamte und mehr und mehr auch Gymnasial- und Hauptschullehrer. Sie bilden das, was ich die

---

[*] *Da Malaise im Französischen in eins objektive Notlage wie subjektives Unbehagen bedeutet und es im Deutschen kein entsprechendes Wort gibt, bleibt es hier unübersetzt (Anm. d. Übers.).*

linke Hand des Staates nenne, die Gesamtheit derer, die im Auftrag der – wie man so sagt – Ausgaben-Ministerien handeln, die innerhalb des Staates die Spuren der sozialen Kämpfe der Vergangenheit bewahren. Sie stehen dem Staat der rechten Hand gegenüber, den Enarchen* des Finanzministeriums, der öffentlichen und privaten Banken und der Ministerialkabinette. Zahlreiche soziale Bewegungen, die wir miterleben (und noch miterleben werden), sind Ausdruck der Revolte des niederen Staatsadels gegen den hohen Staatsadel.

Wie erklären Sie diese Erbitterung, diese Formen von Verzweiflung und diese Revolten?

Ich denke, die linke Hand des Staates hat das Gefühl, dass die rechte Hand des Staates nicht mehr weiß oder, schlimmer noch, nicht mehr wirklich wissen will, was die linke Hand tut. Jedenfalls will sie den Preis dafür nicht mehr zahlen. Einer der Hauptgründe für die Verzweiflung all dieser Leute hängt mit dem Umstand zusammen, dass der Staat sich aus einer ganzen Reihe von Bereichen des gesellschaftlichen Lebens zurückgezogen hat oder im Begriff ist, das zu tun, die ihm oblagen und für die er die Verantwortung trug: der öffentliche Wohnungsbau, das öffentliche Fernsehen und Radio, die öffentlichen Schulen, die öffentlichen Krankenhäuser usf.; ein, zumindest für einige von ihnen, umso bestürzenderes und skandalöseres Verhalten, als es sich um einen sozialistischen Staat handelt, von dem man zumindest erwarten könnte, dass er sich zum Garanten des öffentlichen Dienstes als eines Dienstes macht, der, ohne Unterschied, allen offensteht und allen angeboten wird ...

---

* *Führungskräfte für Verwaltung, die aus der ENA (Ecole nationale d'administration, Elitehochschule für Verwaltung) hervorgegangen sind (Anm. d. Hrsg.).*

Da, wo man eine Krise der Politik, einen Antiparlamentarismus auszumachen glaubt, entdeckt man in Wirklichkeit Verzweiflung über den Staat als den Verantwortlichen für das öffentliche Interesse. Dass die Sozialisten nicht so sozialistisch sind, wie sie getan hatten, darüber würde sich niemand aufregen: Die Zeiten sind hart und der Handlungsspielraum ist nicht groß. Was aber überraschen kann, ist, dass sie an diesem Punkt sogar zum Niedergang der öffentlichen Angelegenheiten haben beitragen können: zunächst in dem Sachverhalt der Ermutigung des Privatinteresses durch alle Arten von Maßnahmen und Politiken (ich erwähne nur die Medien), die auf die Liquidierung der Errungenschaften des *Wohlfahrtsstaates* zielen, und vor allem in dem öffentlichen Diskurs mit dem Loblied auf das Privatunternehmen (als ob es für den Unternehmungsgeist kein anderes Betätigungsfeld gäbe als das Unternehmen). All das hat etwas Befremdliches, vor allem für diejenigen, die man an die vorderste Front schickt, um die so genannten sozialen Funktionen zu erfüllen und die unerträglichsten Mängel der Marktlogik zu kompensieren, ohne ihnen die Mittel an die Hand zu geben, ihren Auftrag wirklich erfüllen zu können. Wie sollten sie nicht das Gefühl haben, beständig verarscht und desavouiert zu werden?

Man hätte längst begreifen müssen, dass ihre Revolte über Lohnfragen weit hinausreicht, selbst wenn der zugestandene Lohn ein unzweideutiges Indiz für den der Arbeit und dementsprechend den sie Ausführenden zugesprochenen Wert ist; die Geringschätzung einer Tätigkeit zeigt sich zuerst in der mehr oder weniger lächerlichen Entlohnung, die sie erfährt.

Glauben Sie, dass der Handlungsspielraum der politischen Führer so beschränkt ist?

Es gibt heutzutage niemanden mehr, der nicht verstanden hätte, dass dieser Spielraum weitaus eingeschränkter ist, als die Parteien glauben machen wollen. Es gibt aber zumindest ein Gebiet, wo die Regierenden alle Bewegungsfreiheit haben: das des Symbolischen. Vorbildlichkeit des Verhaltens müsste sich das gesamte Staatspersonal als verbindliche Maxime auferlegen, zumal dann, wenn es sich auf eine Tradition des Einsatzes für die Interessen der Mittellosesten beruft. Doch wie sollen einem keine Zweifel kommen, wenn man die Fälle von Korruption sieht (die mit den Zulagen für hohe Funktionäre manchmal gleichsam offiziellen Charakter angenommen haben) oder von Verrat am öffentlichen Dienst (das Wort ist zweifellos zu stark: ich denke an das Quittieren des öffentlichen Dienstes, um in die Privatwirtschaft zu gehen), und all die Formen von Missbrauch öffentlicher Güter, Vorteile und Dienste für private Zwecke: Nepotismus, Günstlingswirtschaft (unsere Führungsriege hat viele »persönliche Freunde«), Klientelismus?

Und ich rede noch gar nicht von den symbolischen Profiten! Das Fernsehen hat ohne Zweifel mehr zum Verfall der Bürgertugend beigetragen als die Bestechungsgelder. Es hat wichtigtuerische Leute eingeladen und in den Vordergrund der politischen und intellektuellen Szene gerückt, die vor allem darauf bedacht sind, sich öffentlich zur Geltung zu bringen, in völligem Gegensatz zu den Werten des aufopferungsvollen Wirkens im Verborgenen für das kollektive Interesse, wie es für den Beamten oder den politischen Aktivisten typisch war. Es ist dasselbe egoistische Streben, sich (häufig auf Kosten von Rivalen) zur Geltung zu bringen, das erklärt, warum die »Ankündigungseffekte« ein so weitverbreitetes Phänomen geworden sind.

Für viele Minister zählt, so scheint es, eine Maßnahme nur, wenn sie angekündigt und für realisiert gehalten werden kann, sobald sie öffentlich bekannt gemacht worden ist. Kurz, die schweren Fälle von Korruption, deren Enthüllung Skandal hervorruft, weil sie den Abstand zwischen den öffentlich propagierten Tugenden und den tatsächlichen Praktiken sichtbar machen, sind nur das Extrem all dieser kleinen alltäglichen »Schwächen«, der Zurschaustellung von Luxus, der allzu bereitwilligen Inanspruchnahme materieller oder symbolischer Privilegien.

Wie sehen Sie die Reaktion der Bürger angesichts der von Ihnen aufgezeigten Situation?

Ich las kürzlich einen Artikel eines deutschen Autors über das alte Ägypten. Er zeigt, wie man in einer Zeit der Vertrauenskrise gegenüber dem Staat und dem Allgemeinwohl zwei Dinge blühen sah: in den führenden Kreisen, entsprechend dem zunehmenden Verlust an Respekt vor dem Staat, die Korruption und bei den Beherrschten die individuelle Religiosität, die der Hoffnungslosigkeit in Bezug auf die irdischen Zufluchtsmöglichkeiten entspricht.

Genauso hat man heute das Gefühl, dass der Bürger, da er sich vom Staat verstoßen fühlt (der im Grunde von ihm außer den obligatorischen materiellen Abgaben nichts mehr fordert und vor allem keine Hingabe, keinen Enthusiasmus), den Staat ablehnt und ihn wie eine fremde Macht behandelt, die er bestmöglich für seine persönlichen Interessen nutzt.

Sie sprachen von der großen Bewegungsfreiheit der Regierenden im symbolischen Bereich. Das betrifft nicht nur die als Beispiel aufgeführten Verhaltensweisen. Es geht auch um die Parolen, die mobilisierenden Ideale. Woher rührt, was diesen Punkt angeht, das gegenwärtige Defizit?

Man hat viel vom Schweigen der Intellektuellen gesprochen. Was mich so überrascht, ist das Schweigen der Politiker. Sie sind außerordentlich sparsam mit mobilisierenden Idealen. Ohne Zweifel, weil die Professionalisierung der Politik und die von denjenigen, die in den Parteien Karriere machen wollen, geforderten Voraussetzungen enthusiastische Persönlichkeiten immer mehr ausschließen. Unzweifelhaft auch, weil sich die Auffassung von politischer Tätigkeit mit dem Auftreten von Leuten verändert hat, die auf den Schulen (für politische Wissenschaft) gelernt haben, dass man, will man seriös wirken oder ganz einfach vermeiden, altmodisch oder vorsintflutlich zu erscheinen, besser daran tut, von Betriebsführung als von Selbstverwaltung zu sprechen, und dass man sich auf jeden Fall den Anschein der ökonomischen Rationalität geben (d.h. sich deren Sprache zulegen) muss. Im engen und kurzsichtigen Ökonomismus der Weltsicht des Internationalen Währungsfonds befangen, der verheerende Schäden in den Nord-Süd-Beziehungen anrichtet (und anrichten wird), versäumen all diese in Sachen Ökonomie Halbgebildeten offenbar, die realen kurz- und vor allem langfristigen Kosten der materiellen und moralischen Misere in Rechnung zu stellen, die die einzig gewisse Folge der ökonomisch legitimierten *Realpolitik* ist: Delinquenz, Kriminalität, Alkoholismus, Verkehrsunfälle etc. Auch hier weiß die rechte Hand, besessen von der Frage des ausgeglichenen Haushalts, wieder nicht, was die linke Hand tut, die mit den oft kostspieligen sozialen Folgen des »Haushaltsplan-Ökonomismus« konfrontiert ist.

Sind die Werte, auf die die Tätigkeiten und Leistungen des Staates gegründet waren, nicht mehr glaubwürdig?

Diese Werte sind sehr oft gerade durch diejenigen diskreditiert worden, die ihre Hüter sind. Der Kongress von

Rennes und das Amnestiegesetz[*] haben zum Glaubwürdigkeitsverlust der Sozialisten mehr beigetragen als zehn Jahre antisozialistischer Kampagne.

Und ein Anhänger, der sich aus Enttäuschung abgewendet[**] hat (in jedem Sinne des Wortes), richtet mehr Schaden an als zehn Gegner. Zehn Jahre sozialistische Herrschaft haben die Zerstörung des Glaubens an den Staat und die in den 1970er Jahren im Namen des Liberalismus begonnene Abschaffung des Wohlfahrtsstaats vollendet.

Ich denke insbesondere an die Wohnungsbaupolitik. Sie hatte zum erklärten Ziel, das Kleinbürgertum dem kollektiven Lebenszusammenhang (und damit dem »Kollektivismus«) zu entreißen und es an den privaten Besitz seines individuellen Häuschens oder seiner Eigentumswohnung zu binden. Diese Politik ist in gewissem Sinne nur allzu erfolgreich gewesen. Ihr Ergebnis illustriert das, was ich gerade über die sozialen Kosten gewisser Ökonomien gesagt habe. Denn sie ist unzweifelhaft die Hauptursache der räumlichen Segregation und damit der so genannten Vorstadt-Probleme.

Wenn man ein Ideal formulieren wollte, dann wäre es die Rückkehr zum Staat, zur öffentlichen Angelegenheit. Sie teilen nicht die Ansicht von aller Welt ...

Die Ansicht von aller Welt, wessen Ansicht ist das? Die Ansicht der Leute, die in den Zeitungen schreiben, die der Intellektuellen, die das »weniger Staat« anpreisen und die

---

[*] *In Rennes gab es 1990 ein Parteikongress der französischen Sozialisten mit heftigen parteiinternen Auseinandersetzungen; von den Sozialisten erlassenes Gesetz zur Amnestie von in Bestechungs- und ähnliche Affairen verwickelten Abgeordneten (Anm. d Hrsg.).*

[**] *Das hier verwendete retourné kann neben abgewendet, abgefallen auch gewendet, umgedreht, umgekehrt, zurückgekehrt bedeuten (Anm. d. Übers.).*

das Öffentliche und das öffentliche Interesse für das Öffentliche ein bisschen schnell beerdigen ... Man hat hier ein typisches Beispiel für die Wirkung allgemein geteilter Überzeugungen, sehr wohl diskutable Thesen der Diskussion zu entziehen. Man müsste die kollektive Arbeit der »Neuen Intellektuellen« analysieren, die ein dem Rückzug des Staates und, weitergehend, der Unterwerfung unter die Werte der Ökonomie günstiges Klima geschaffen hat.

Ich denke an das, was man die »Wiederkehr des Individualismus« genannt hat, eine Art sich selbst erfüllender Prophezeiung, die die Tendenz hat, die philosophischen Grundlagen des *Wohlfahrtsstaats zu* zerstören und insbesondere den Gedanken der kollektiven Verantwortung (für Arbeitsunfälle, Krankheit oder Notlagen), diese fundamentale Errungenschaft des sozialen (und soziologischen) Denkens. Die Rückkehr zum Individuum bedeutet auch die Rückkehr zur individuellen Verantwortlichkeit (das Opfer ist selbst schuld) und zum individuellen Handeln (man kann ihm die *self help* predigen), all das unter dem Deckmantel der unablässig wiederholten Notwendigkeiten, die Kosten für die Unternehmen zu senken. Die retrospektive Panikreaktion, die die Krise von '68 ausgelöst hat, eine symbolische Revolution, die all die kleinen Besitzer kulturellen Kapitals erschüttert hat, hat (zusammen mit und verstärkt durch den – unverhofften – Zusammenbruch der Regime sowjetischen Typs) die günstigen Voraussetzungen für die kulturelle Restauration geschaffen, unter deren Bedingungen das »Sciences Po-Denken«* das »Mao-Denken« ersetzt hat. Die intellektuelle Welt ist heute der Schauplatz eines Kampfes mit dem Ziel, »neue Intellektuelle« zu schaffen, also eine neue Definition des

* *Die von den Hochschulen für politische Wissenschaft vermittelte Art zu denken (Anm. d. Hrsg.).*

Intellektuellen und seiner politischen Rolle der Philosophie und des Philosophen durchzusetzen, der sich von nun an in vagen »Neo-Aronistischen«* Debatten einer politischen Philosophie ohne technisches Rüstzeug, einer auf eine Politologie des Wahlabends und ein kritikloses Kommentieren kommerzieller Meinungsumfragen ohne Methode reduzierte Sozialwissenschaft ergeht. Platon hatte ein wunderbares Wort für all diese Leute, das vom *Doxosophen:* Dieser »Meinungs-Techniker, der-sich-für-einen-Wissenschaftler-hält« (ich übersetze den Doppelsinn des Wortes) stellt die Probleme der Politik in denselben Begriffen wie die Geschäftsleute, die Politiker und die politischen Journalisten sie sich stellen (d.h. genau diejenigen, die sich Umfragen kaufen können ...).

Sie haben gerade Platon erwähnt. Hat die Haltung des Soziologen etwas mit der des Philosophen gemeinsam?

Der Soziologe steht dadurch, wie der Philosoph, im Gegensatz zum Doxosophen, dass er die Evidenzen infrage stellt und da vor allem diejenigen, die sich in Form von Fragen präsentieren, die seinigen ebenso wie die der anderen. Das ist es, was den Doxosophen so schockiert, der ein politisches Vorurteil in der Ablehnung der zutiefst politischen Unterwerfung erblickt, die das gedankenlose Übernehmen von Gemeinplätzen, im Aristotelischen Sinne, impliziert: von Begriffen oder Thesen, *mit* denen man argumentiert, aber *über* die man nicht argumentiert.

* *Von Raymond Aron, konservativer französischer Soziologe/Philosoph, der häufig in öffentliche Diskussionen eingegriffen bzw. solche in Gang gesetzt hat (Anm. d. Hrsg.).*

Neigen Sie nicht in einem gewissen Sinne dazu, den Soziologen an den Platz des Philosophen-Königs zu stellen, der allein weiß, was die wahren Probleme sind?
Was ich vor allem anderen verteidige, ist die Möglichkeit und die Notwendigkeit des kritischen Intellektuellen, und kritisch zuallererst in Bezug auf die intellektuelle Doxa, die die Doxosophen verbreiten. Es gibt keine wirkliche Demokratie ohne eine wahre kritische Gegenmacht. Von der bildet der Intellektuelle einen Bestandteil, und zwar einen ersten Ranges. Deshalb erachte ich die Arbeit an der Demontage des kritischen Intellektuellen, ob tot oder lebendig – Marx, Nietzsche, Sartre, Foucault und einige andere, die man en bloc mit dem Etikett »68er-Denken« versieht –, für ebenso gefährlich wie den Abbau des Staates, und glaube, dass sie zum Gesamtunternehmen der Restauration zählt.

Natürlich wäre es mir lieber, wenn die Intellektuellen allesamt und jederzeit auf der Höhe der immensen historischen Verantwortung gewesen wären, die zu tragen ihnen obliegt, und dass sie in ihr Handeln stets nicht nur ihre moralische Autorität, sondern auch ihre intellektuelle Kompetenz eingebracht hätten – in der Art eines, um nur ein Beispiel zu nennen, Pierre Vidal-Naquet, der seine ganze meisterhafte Handhabung der historischen Methode zur Kritik des missbräuchlichen Umgangs mit der Geschichte einsetzte.[2] Das bedeutet, um Karl Kraus zu zitieren, »ich weigere mich, zwischen zwei Übeln das Kleinere zu wählen«. Denn wenn ich kaum Nachsicht mit den verantwortungslosen Intellektuellen habe, so mag ich diese »intellektuellen« *Verantwortungsträger,* diese polymorphen Vielschreiber, noch weniger, die ihre alljährliche Veröffentlichung zwischen zwei Vorstandssitzungen, drei Presse-Cocktails und einigen Fernsehauftritten verfassen.

Welche Rolle wünschen Sie sich denn für die Intellektuellen, besonders beim Aufbau Europas?

Ich wünsche mir, dass die Schriftsteller, die Künstler, die Philosophen und die Wissenschaftler sich in allen Bereichen des öffentlichen Lebens, in denen sie kompetent sind, Gehör verschaffen könnten. Ich glaube, dass alle Welt viel dabei gewönne, wenn die Logik des intellektuellen Lebens, die der Argumentation und der Widerlegung, sich auf das öffentliche Leben ausdehnen würde. Heute indes ist es die Logik der Politik, die der Denunzierung und der Diffamierung, der »Sloganisierung« und der Verfälschung der Gedanken des Gegners, die sich sehr häufig im intellektuellen Leben breitmacht. Es wäre gut, wenn die »Schöpferischen« ihre Funktion des Dienstes an der Öffentlichkeit und bisweilen am öffentlichen Wohl wahrnehmen könnten.

Auf die europäische Ebene übertragen, bedeutet dies lediglich, sich auf eine höhere Stufe von Universalisierung zu begeben, eine Etappe auf dem Weg zum Universalstaat zurückzulegen, der, selbst was die intellektuellen Angelegenheiten angeht, weit entfernt von seiner Verwirklichung ist. Es wäre nicht viel gewonnen, wenn der Eurozentrismus an die Stelle der angeschlagenen Nationalismen der alten imperialen Nationalstaaten träte. Zu einem Zeitpunkt, wo die großen Utopien des 19. Jahrhunderts das ganze Ausmaß ihrer Pervertierung offenbart haben, ist es vordringlich, die Bedingungen für eine kollektive Arbeit an der Rekonstruktion eines Universums realistischer Ideale herzustellen, die imstande sind, den Willen der Bürger in Bewegung zu setzen, ohne ihre Vernunft zu verdunkeln.

Anmerkungen

[1] Actes de la recherche en sciences sociales Nr. 90, Dez. 1991, Paris.

[2] S. insbesondere »Les Juifs, la Mémoire et le Présent, Bd. I, Maspero 1981; Bd. II, La Découverte, 1991.

Im Osten erwacht die Geschichte

Wir haben lange Zeit geglaubt, dass wir an das Ende der Geschichte gelangt sind. Die soziale Bewegung, die während des ganzen 19. Jahrhunderts und der ersten Hälfte des 20. die Hoffnung der Menschen getragen hatte, war allmählich an den Niederlagen und Schrecken einer bürokratischen Tyrannei zuschanden geworden. Die Welt hatte das Alter Breschnews. Dort, wo man eine klassenlose Gesellschaft hatte sehen wollen, war eine Kastengesellschaft errichtet worden. Eine hinter ihren Privilegien verschanzte Oligarchie fand in der doppelten Sprache, die ihr das usurpierte Monopol einer revolutionären Rhetorik verschaffte, das Mittel, um sich und anderen die Mauer des Unverständnisses zu verhüllen, die sie von den gewöhnlichen Bürgern trennte. Das tragische Geschick dieser Welt ohne geschichtliches Jenseits lastete wie ein Deckel auf der gesamten fortschrittlichen Menschheit. Und nicht nur, weil dieser Sozialismus mit unmenschlichem Antlitz den Konservativen aller Länder die beste Rechtfertigung für den Status quo lieferte.

Wir haben gerade das Ende einer Diktatur miterlebt; sie war aber nicht, was man auch immer von ihr sagen mag, eine gewöhnliche Diktatur. Sie wurde im Namen des Volkes errichtet und ausgeübt, und sie wurde vom Volk zu Fall gebracht; im Namen der Wahrheit wurde sie errichtet und im Namen der Wahrheit zu Fall gebracht; im Namen der Freiheit errichtet und im Namen der Freiheit zu Fall gebracht; im Namen der Gleichheit errichtet und im Namen der Gleichheit zu Fall gebracht. Welch gewaltige Feier der Revolution von 1789! Diese Revolution gegen die im Namen der Revolution begangenen Verbrechen wird endlich einmal nicht konterrevolutionär sein. Das Aufeinanderprallen der Worte, Freiheit gegen Freiheit, Wahrheit gegen Wahrheit, Gleichheit gegen Gleichheit, könnte am Ende einer furchtbaren Sinnentwertung zum Nihilismus führen. Im Namen dieser zu Parolen degradierten Wörter, im Namen der zur Staatslüge umgewandelten Wahrheit, wurden diese Völker schikaniert, unterdrückt, eingesperrt, in die Bastille gesteckt. Was aber tun sie unter unseren Augen jetzt anderes, als das Programm des Dichters zu verwirklichen, »den Wörtern des Stammes einen reineren Sinn zu geben«? Es versteht sich von selbst, dass der Dichter, der Schriftsteller, der Intellektuelle, ob er nun Mircea Dinescu, Václav Havel oder Christoph Hein heißt, seine ursprüngliche Rolle als Gruppensprecher oder – bescheidener – als öffentlicher Schriftsteller zurückgewinnt. In der Tat lehrt er, dass die großen Worte, in denen die Träume oder Ideale der Menschheit niedergelegt sind, gestärkt und gereinigt aus dem radikalen Zweifel hervorgehen, dem sie die Geschichte unterworfen hat. Indem der Schriftsteller sich erhebt, um die Worte gegen den Sprachmissbrauch, der immer einen Machtmissbrauch in sich birgt, zu verteidigen, ruft er in Erinnerung, dass Politik realistischer ist als alle Formen von *Realpolitik.*

Daher müssen heute die Intellektuellen aller Länder zusammenfinden, um den so begonnenen Kampf fortzuführen. Es hat ein Ende mit dem »organischen Intellektuellen«, der glaubte, seine Vernunft vor den Verdikten der Staatsräson zu beugen, oder mit dem »Weggefährten« nach Sartres Art, der sich, um seine »Erbsünde« zu tilgen, zu »verblöden« bemühte, auf dass er zu den Partei»denkern« zähle. Mit der Wahrheit gibt es keine Kompromisse. Man soll uns nicht erzählen, dass für 1992 ein »gemeinsamer Markt des Geistes« vorbereitet werden soll. Die Kultur, die Europa für sich, für die Welt und besonders den dritten Stand der Welt braucht, wird nicht aus einer Expertenverhandlung oder einem Technokraten-Hearing hervorgehen. Man muss darauf hinarbeiten, aus dem strengen Gebrauch der Vernunft und damit der Sprache eine politische Tugend, ja die erste der politischen Tugenden zu machen, also den Intellektuellen die einzige Macht zu geben, die sie fordern dürfen und müssen, nämlich die Macht, eine ständig wirksame Wachsamkeit gegen den Missbrauch von Worten, insbesondere von großen Worten auszuüben.

Die revolutionäre Begeisterung, welche die Völker des Ostens gerade der ermatteten Geschichte Europas injiziert haben, ist aufzugreifen. Alle Profis der politischen Rede werden probieren, sich ihrer zu bemächtigen, um daraus Gewinn zu schlagen. Sie werden wieder mit ihren falschen Alternativen kommen: Stalin oder Thatcher, Sozialismus oder Liberalismus, Karl Marx oder Milton Friedman, Moskau oder Chicago, Staat oder Markt, Planwirtschaft oder *Laisser-faire.* Sie werden zeigen, dass sie hinter jedem dieser Wörter ihre Interessen, ihre Wahnvorstellungen oder einfach nur ihre Unfähigkeit zum freien Denken verbergen. Sie werden versuchen, das Pendel zurückschnellen zu lassen, das unaufhörlich von einer wirtschaftlichen oder politischen Ungereimtheit auf die nächste verweist. Und das abgekartete Spiel der verbündeten Gegner wird die Entdeckung des übergeordneten Punktes erschweren, der weder eine goldene Mitte – noch wie die Ideologen der Revolution behaupten – ein »dritter Weg« ist. Wer die Ideale der Wahrheit, der Freiheit oder sogar der Gleichheit und der Brüderlichkeit den perversen Verkehrungen zum Trotz entdeckt hat, denen sie die »sozialistischen« Staatsaristokratien unterwarfen und noch immer unterwerfen, ist paradoxerweise am ehesten in der Lage, uns wieder beizubringen, wie wir uns von den Wörtern und Denkgewohnheiten befreien können, die in unserem Unbewussten größenwahnsinnige Meisterdenker und verantwortungslose Ingenieure abgelagert haben. Die sind immer bereit, Völker auf dem Altar ihrer Anträge oder ihrer Gleichungen zu opfern.

Aber man muss auch um jeden Preis die Manipulatoren von Phobien und Wahnvorstellungen daran hindern, die alten Schreckgespenster wiederzuerwecken und sich auf alte Schuldgefühle zu stützen, die so leicht in verquere und verzweifelte Selbstbestätigungen umkippen können. Wie bei Kindern laufen alle diese »Angstspielchen« immer Gefahr, zu wirklichen Schrecknissen zu führen. Dagegen sollte man sich freuen, dass das mächtige und schwerfällige Deutschland – das trotz des Stachels der alternativen Bewegungen immer mehr dazu neigt, auf dem weichen Ruhekissen seines wirtschaftlichen Erfolges einzuschlafen – in den Mittelpunkt der Wahrheitsprobe gestellt wird. Dort findet die Konfrontation zwischen den Realitäten des »kapitalistischen Paradieses« und jenen Bestrebungen und Forderungen statt, die in den Köpfen der ostdeutschen Bürger die sozialistische Rhetorik zurückgelassen hat.

So ist die Geschichte im Moskau der 1930er Jahre nicht wirklich zum Stillstand gekommen. Die Forderungen und Hoffnungen, deren Botin die neue Bewegung ist, sowie vor allem die gewaltigen, uns von dieser scheintoten Zeit der Geschichte hinterlassenen Widersprüche können ein wirklich befreiendes Denken und eine befreiende Politik in Bewegung setzen.

Die gesunde Wut eines Soziologen

Wie analysieren Sie den Bruch zwischen der Gesellschaft und der politischen Welt?

Die Kämpfe der weniger durch Ideen und Programme als durch Erbstreitigkeiten getrennten politischen Strömungen, die sich widerstreitenden Ansprüche der Prätendenten auf die Nachfolge, die groben demagogischen Tricks all dieser von ihren Werbeberatern manipulierten Manipulateure, kurz die Machenschaften der Politik, die, dank dem Fernsehen, alle Bürger alle Tage direkt vor Augen haben, haben den Glauben an die Uneigennützigkeit und die Hingabe der Politiker zerstört und den Verdacht auf das immer mehr auf seine eigenen Einsätze beschränkte politische Spiel selbst gelenkt. Aber es geht hier nicht nur um die Politiker. Ein anderer Hauptgrund für den Bruch ist die Selbstgefälligkeit eines Staatsadels, der aus seinen schulischen Adelstiteln die unumstößliche Gewissheit seiner Kompetenz und seiner Legitimität zieht (man weiß, dass ein immer bedeutenderer Teil der Politiker, die zählen, Minister, Kabinettsmitglieder, der Linken oder der Rechten, ganz abgesehen von den Führungskräften oder Eigentümern der großen öffentlichen oder privaten Unternehmen, aus den großen schulischen Concours* hervorgegangen sind und sich als eine Elite der »Intelligenz« verstehen). Es ist bezeichnend, dass die arrogantesten dieser neuen

* *In Frankreich häufige Form von Zugangsprüfung, Wettbewerb um eine begrenzte Zahl von in der Rangfolge der besten Noten vergebenen Plätzen (Anm. d. Hrsg.).*

Mandarine sich für berufen halten, sich in ein zunehmend durch die medienpolitische Logik des kulturellen *Fast Food* und des *Bestsellers* beherrschtes intellektuelles Spiel einzuschalten; und dass es ihnen bisweilen gelingt, ihre symbolischen Gewaltstreiche mithilfe der Komplizenschaft der Hof-»Intellektuellen« zu vollführen, die mit ihnen um die Gunst der Medien rivalisieren und die Gemeinplätze, die à la mode sind, vom Kolloquium bis zum Großspektakel einer Betrachtung in einer Wochenzeitschrift oder einer Fernsehdebatte weiterverbreiten (die Plätze, wo die gedankenarmen Männer der Macht die machtarmen »Intellektuellen« treffen, Zeitschriften oder Klubs, die das Bindeglied zwischen Hautes Etudes und Sciences-Po* abgeben, Kolloquien, Seminare, vorzugsweise europäische, haben sich unaufhörlich vermehrt und es vergeht kein Tag, an dem man nicht dasselbe Häuflein austauschbarer Protagonisten austauschbare Reden über die vom Augenblick diktierten Themen austauschen sieht).

Dieses Medien-Tout-Paris, obgleich scheinbar völlig offen für die Probleme der Welt und oftmals überzeugt, Geschichte zu machen, ist in Wirklichkeit strikt auf seine kleinen Geschichten beschränkt. Und wie sollte es auch anders sein? All diese Leute, die unablässig die »bürgerliche Gesellschaft« im Munde führen, haben überhaupt keine Lust und verfügen vor allem über keinerlei Mittel (abgesehen von der täglichen Zeitungslektüre und dem regelmäßigen Studieren der Meinungsumfragen), sich mit der sozialen Welt, die zu erklären oder zu regieren sie den Anspruch stellen, wirklich vertraut zu machen. Wie oft ist es zur Einschätzung dieses oder jenes für ein paar Wochen auf den

* *Hautes Etudes: die Grandes Ecoles, die Elitehochschulen, für den Bereich der Politik und öffentlichen Verwaltung insbesondere die ENA (Ecole nationale d'administration); Sciences-Po: Hochschule für politische Wissenschaften, die u.a. als Vorbereitungsschule für die ENA dient (Anm. d. Hrsg.).*

*Bestseller*listen stehenden Werkes völlig ausreichend zu wissen, dass es aus einem Disput kleiner Medienmeister über das Ende des »Strukturalismus«, die Wiederkehr des »Subjekts« oder die Bedrohung durch den Kulturrelativismus, der x-ten Auflage der Infragestellung der Sozialwissenschaften, entstanden ist. (Diejenigen, die von den ach so neuen Gedanken der »Postmoderne« entzückt sind, sollten »Die beiden Quellen der Moral und der Religion«* noch einmal lesen.)

Die wesentliche Funktion dieser Denker ohne Gedanken (und ohne Werk) ist es, glauben zu machen, sie hätten welche und so die Leere in der politischen und intellektuellen Debatte zu erzeugen: indem sie einem dank ihres Quasi-Monopols über die Massenkommunikationsmittel (und dank der oft recht brutalen Zensur, die sie im Namen des Liberalismus und der Zwänge des Kampfes gegen die Überreste des »Marxismus« ausüben) die Allgegenwart ihrer *Bedeutungslosigkeit* aufzwingen, setzen sie die Themen und Fragestellungen durch, die keine andere Raison d'être als ihre Gier nach Anerkennung als Meisterdenker haben. Damit sind sie, ohne es zu wollen und zu wissen, die natürlichen Verbündeten derer, die an der Grenze zwischen dem politischen und dem intellektuellen Feld gegen alle Versuche, ein wenig Realität in das geschlossene Feld ihrer Rivalitäten zu bringen, die Barriere ihrer hölzernen ökonomischen Fachsprache errichten.

Rührt die heute herrschende »Katastrophenstimmung« nicht weniger aus der historischen Realität als aus der Vorstellung, die die Journalisten sich von ihr machen?

---

* *In Frankreich 1932, in Deutschland 1933 erstmals erschienenes Werk von Henri Bergson (Anm d. Hrsg.).*

Man hat es in der Tat mit einer tiefen Krise der Repräsentation (in allen Bedeutungen des Begriffes*) und der Delegation, Fundamente der Demokratie, zu tun. Da sie sich weder unmittelbar auszudrücken, noch in den politischen Vorstellungen wiederzuerkennen vermag, kann die tiefe Unzufriedenheit, die einen ganzen Teil der Gesellschaft erfasst hat – die traditionelle Klientel der Linksparteien wie der Lehrkörper und alle unteren und mittleren Ränge des öffentlichen Dienstes sind davon nicht ausgenommen –, ein Ventil in den national-rassistischen Ideologien finden, die vom Ressentiment und von der Verzweiflung leben, wie sie aus der Erfahrung des sozialen Abstiegs, individuell oder kollektiv (wie dem einer ganzen sozialen Gruppe – der Metallarbeiter z.B. –, einer Region oder der Nation als Ganzes), entstehen. Man denkt sofort an die materiellen *und moralischen* Leiden all der Arbeitslosen, all der Bezieher von Mindesteinkommen und all der Teilzeitbeschäftigten. An kein Ende käme man aber, wollte man all die Leiden ganz neuer Art aufzählen, die etwa von den mit dem Schulsystem zusammenhängenden Enttäuschungen hervorgerufen werden, sei es, dass man von der Schule (für sich selbst oder für die Seinen) nicht das erhalten hat, was man erwartet hatte, sei es, dass man am Arbeitsmarkt nicht das erreicht hat, was die von der Schule vergebenen Titel verheißen hatten (wobei die Arbeitslosigkeit der Diplomierten den Betroffenen und ihrem Umfeld besonders skandalös erscheinen). Dann wären da noch die Leiden, die aus der Verschlechterung der Arbeitsbedingungen resultieren (die ihrerseits durch die Schwächung der Gewerkschaften und die prekäre Beschäftigungssituation gefördert oder verursacht werden), überdies noch die, die aus der Wohnungssituation herrühren (von der diejenigen kei-

---

* *Bedeutet Darstellung, Vorstellung, Vertretung und Stellvertretung (Anm. d. Übers.).*

neswegs verschont bleiben, die zwar ihren Traum vom kleinen Häuschen verwirklichen konnten, nun aber oft mit finanziellen Belastungen und Wegezeiten für ein Privileg zahlen müssen, das ihnen vor den wirklichen oder eingebildeten Nachbarschaftsproblemen durchaus nicht immer Schutz gewährt). Diejenigen, die den Rassismus verurteilen, müssten mit der gleichen Schärfe die Bedingungen verurteilen, die den Rassismus fördern oder verursachen, die Kriminalität, die Gewalt, die Vereinzelung, das Zerbrechen der Solidarbeziehungen, eben all das, was Angst hervorruft, den Rückzug auf sich selbst, und auch, das versteht sich von selbst, die Bedingungen, die diese Verhaltensweisen aus Verzweiflung begünstigen, wie die Wohnungsbau- und Beschäftigungspolitik. Die tugendhaften Gemütszustände und das anti-rassistische Gewäsch tragen nicht weniger als die Anti-Le Penschen Glaubensbekenntnisse gewisser Politiker zur Förderung dieser oder jener Krise des Vertrauens in das Wort des Wortführers, dieses tiefsitzenden Verdachts gegen die Kleriker, kurz dieser Art generalisierten Antiklerikalismus bei, der stets noch dem Faschismus in die Hände gespielt hat.

Einer der Gründe für das Elend, das zu Verzweiflungslösungen (wie dem Votum für den Front National*) führt, ist, dass die Leute nicht mehr wissen, welchem Heiligen sie folgen; sie haben das Gefühl, dass diese von ihnen erlebten Malaisen** von denen, die das Wort führen, weder gesehen noch erkannt, weder verstanden noch anerkannt werden. Der Staat selbst, diese letzte Zuflucht, diese irdische Vorsehung (ich kann hier meine auf Kafka sich stützende Be-

---

* *Französische rechtsextreme Partei mit stark ausländerfeindlichem Programm (Anm. d. Hrsg.).*

** *Malaise bedeutet im Französischen sowohl etwas Subjektives: Unbehagen, als auch etwas Objektives: Notlage. Im Deutschen gibt es kein Wort, das beide Aspekte zugleich umfasst, deshalb lassen wir es hier unübersetzt (Anm. d. Übers.).*

weisführung nicht wiederholen, aber der Staat nimmt stets, ob man es will oder nicht, die Stelle Gottes ein) verwandelt sich in einen bösen Gott, der mittels seiner Helfershelfer, ohne Glauben und ohne Gesetz der *heiligen Pflicht und Schuldigkeit* der Nation gegenüber ihren Mitgliedern nicht nachkommt, kurz den Bürgerschaftsvertrag bricht. Es ist kein Zufall, dass die Verzweiflung sich vornehmlich auf die *Ausländer*frage richtet. Und diejenigen, die sich den Kampf gegen eine Partei zur einzigen Devise machen, die für fähig gehalten wird, den Vertrag zu erneuern, den sie gebrochen haben, sind unzweifelhaft am wenigsten in der Lage, von dieser Überzeugung jemand abzubringen ...

Liegt hier für Sie die Verbindung zwischen dem Front National und bestimmten Formen des gesellschaftlichen Leidens?

In der Tat. Den Akzent auf das *Nationale* im Gegensatz zum *Fremden* legen, heißt, den Willen zu bekräftigen, die Umverteilung (von Unterstützungsleistungen, Beihilfen, Versicherungen, der Sozialfürsorge und zweifellos auch der Arbeit) in die Hand zu bekommen, die recht eigentlich dem Staat obliegt, und auf dem Gebiet den *Einheimischen* absoluten Vorrang einzuräumen. So kann man den Erfolg der »nationalistischen« Botschaft bei den »armen Weißen« verstehen, die nichts haben außer ihrer rechtlich garantierten Zugehörigkeit zu einem Staat, der sie im Stich lässt.

Schwerer zu verstehen ist aber, warum sich die Parteien der Linken gegen eine ganze Tradition des Internationalismus und Universalismus haben dazu hinreißen lassen, die Dichotomie einheimisch/fremd oder eingeboren/eingewandert zu übernehmen und daraus das zentrale Sicht- und Einteilungsprinzip zu machen, auf Kosten vor allem des Gegensatzes zwischen Reichen und Armen, welch Letztere ebenso gut Einheimische wie Fremde umfassen ...

In Réponses haben Sie die Grenzen des Ökonomismus aufgezeigt: Es gab eine Zeit, da sprach man von Selbstverwaltung, da wollte man die Spielregeln ändern; und heute, wenn man heute nicht von Führung spricht, wird man für altmodisch gehalten ...*

Ich glaube, dass der Ökonomismus, der auf der Linken, in der marxistischen Tradition, ebenso anzutreffen ist wie auf der Rechten, der ökonomischen Realität im vollen Wortsinn eine furchtbare Verstümmelung zufügt. Er führt zur Abstraktion von einer ganzen, absolut entscheidenden, Dimension von Kosten und Profiten. Da ich jetzt keine vollständige Beweisführung vornehmen kann und um schnell zum Wesentlichen zu kommen, nur soviel: Die Folgen einer als Management des wirtschaftlichen Gleichgewichts (im engen Wortsinn) konzipierten Politik werden auf tausenderlei Art bezahlt, in Form sozialer, psychologischer Kosten, in Form von Arbeitslosigkeit, Krankheit, Kriminalität, Alkohol- und Drogenkonsum, von Leiden, das zu Ressentiment oder zu Rassismus, zu politischer Demoralisierung etc. führt. Eine wirklich umfassende Kosten-Nutzen-Rechnung würde zeigen, dass die Soziologie eine Ökonomie in Vorschlag bringt, die nicht minder streng und der Komplexität der Realität angemessen ist als die partielle Ökonomie der reinen Verwalter; und dass es die Logik des wohlverstandenen Eigeninteresses selbst ist, die den Bruch mit dem liberalen Laisser-faire ebenso wie mit dem Determinismus naturalisierter sozialer Gesetze erzwingt. Und die Bekräftigung der Rolle des Staates: Gegen die beiden Formen von Unterwerfung unter die Notwendigkeit der ökonomischen Gesetze, die aus diesen zwei Formen von

* *Réponses, Editions du Seuil, Paris 1992, ist eine Buchveröffentlichung von P. Bourdieu, in der er, größtenteils im Gespräch mit L. Wacquant, ausführlich auf die an seine Theorie gestellten Fragen und gegen sie erhobene Einwände antwortet (Anm. d. Hrsg.).*

Ökonomismus resultieren, muss man vom Staat fordern, dass er sich mit der Kenntnis der demografischen, ökonomischen und kulturellen Gesetze wappnet, um an der Korrektur von deren Effekten mittels politischer Eingriffe zu arbeiten, bei denen er die (juristischen, fiskalischen, finanzpolitischen etc.) Mittel nutzt, über die er verfügt. Die (ethische und politische) Gerechtigkeit und die (technische) Richtigkeit stehen zweifellos weniger stark und weniger oft im Gegensatz zueinander als ein kurzfristiges, im engen Sinne ökonomisches Gewinn- und Verlust-Kalkül erwarten lässt. Weit entfernt davon, das »Absterben des Staates« herbeizuwünschen, muss man von ihm verlangen, dass er seine regulierende Tätigkeit ausübt, fähig dazu, die »Fatalität« der ökonomischen und sozialen Mechanismen zu konterkarieren, die der gesellschaftlichen Ordnung immanent sind.

Man sieht hieran, dass Ihre Soziologie eine politische Bedeutung hat ... Oft wirft man Ihnen vor, so hermetisch zu sein, dass nicht mehr zu sehen ist, inwiefern das konkret dazu dienen kann, »bei der Befreiung zu helfen« ...

Ich glaube, dass der Vorwurf, den man der Soziologie (und mir im Besonderen) macht, den Fatalismus zu bestärken, oder, was auf dasselbe hinausläuft, die pessimistische Abdankung, auf einem völligen (und zweifellos unbewussten, was nicht heißen soll unschuldigen) Missverstehen des Status der Sozialwissenschaft und der Regelmäßigkeiten oder Gesetze, die sie aufzustellen sucht, beruht. Ist es nötig, daran zu erinnern, dass die sozialen Gesetze keine Naturgesetze sind, die von Ewigkeit her und in alle Ewigkeit in die Natur der Dinge eingeschrieben sind, und dass die wissenschaftlichen Gesetze keine präskriptiven Normen sind, keine imperativen Verhaltensregeln, sondern empirisch konstatierte und validierte Regelmäßigkeiten? Und dass folglich diese (statistischen) Regelmäßigkeiten sich keineswegs als ein Imperativ oder ein Schicksal aufnötigen, dem man sich unterwerfen müsste? Die sozialen Regelmäßigkeiten treten als wahrscheinliche Verkettungen auf, die man nur bekämpfen kann, falls man das für notwendig befindet, unter der Bedingung, dass man sie kennt.

Wenn ich mich entschließe, an solche Basis-Wahrheiten zu erinnern, dann deshalb, weil manche meiner Kritiker sich auf einem solchen Niveau von Unverständnis (und Inkompetenz), und auch von Obskurantismus, bewegen, dass ich auf das A und O der Wissenschaftsphilosophie zurückkommen muss ...

Denken Sie, dass die Soziologie zur Erneuerung der Politik beitragen kann? Glauben Sie, dass sie dazu beitragen kann, die kritische Gegenmacht der Intellektuellen, die Sie häufig von ihren Zeitgenossen fordern, zu fundieren und zu bewaffnen?

Die Kenntnis der sozialen Welt, die die Soziologie liefert, ist ohne jeden Zweifel eine der unerlässlichsten Voraussetzungen eines wirklich verantwortlichen kritischen Denkens. Ich habe an die Notwendigkeit erinnert, mit dem Ökonomismus zu brechen und eine regulierende Tätigkeit zu fördern, die alle konstitutiven Elemente einer Ökonomie berücksichtigt, welche auf das Glück gerichtet wäre und nicht auf die bloßen Werte der Produktivität, der Rentabilität und der Wettbewerbsfähigkeit. Aber ich glaube, dass eine solche Ökonomie, die dem Symbolischen einen hervorragenden Rang einräumen müsste, konkret, in ihren Mitteln und vor allem in ihren Zielen, nur unter der Bedingung konzipiert werden kann, dass man in der Lage wäre, neue Formen von Delegation und Repräsentation einzuführen. Die Krise der Repräsentation, die dem Misskredit, in den die Politik sich gebracht sieht, zugrunde liegt, hat ihren Ursprung ohne Zweifel in der Organisationslogik der Gewerkschaften und der Massenparteien und insbesondere in einer Sozialtechnologie, die im 19. Jahrhundert zu dem Zweck erfunden worden ist, die Beziehungen zwischen der Basis und ihren Führern zu gewährleisten, die aber faktisch dazu gedient hat, die Reproduktion des Apparats und seiner Führer, die der Programme, Plattformen, Anträge, Kongresse, Mandate zu sichern. Eine radikale Kritik der gegenwärtigen Formen der Informationszirkulation und der kollektiven Willensbildung müsste es möglich machen, die demobilisierende Ernüchterung hinter sich zu lassen, um sich neuen Formen von Mobilisierung und Reflexion zuzuwenden. Paradoxerweise haben die politischen Apparate, die als Instrumente der Befreiung, der individuellen wie insbesondere der kollektiven, konzipiert waren, oft als Instrumente von Herrschaft funktioniert, zumal mittels der symbolischen Gewalt, die in ihnen, aber auch durch sie ausgeübt wurde. Deshalb scheint mir oberste Priorität zu haben, das kritische Bewusstsein von den Mechanismen der symbolischen Gewalt zu erweitern, die in der Politik und durch die Politik wirken; und zu diesem Behufe den symbolischen Waffen weite Verbreitung zu verschaffen, die allen Bürgern die Mittel zu garantieren vermögen, sich gegen die symbolische Gewalt zu verteidigen, sich, wenn nötig, von ihren »Befreiern« zu befreien.

Textnachweise

Politik, Bildung und Sprache: Interview mit Pierre Viansson-Ponté in: »Le Monde«, 11./12.10.1977 (Übersetzung: Heinz H. Schmidt und Enno Schmitz).

Die feinen Unterschiede: Interview mit Hans Dieter Zimmermann für den Hessischen Rundfunk über »Die feinen Unterschiede«, Frankfurt a.M. 1982 (Übersetzung: Bernd Schwibs).

Ökonomisches Kapital – Kulturelles Kapital – Soziales Kapital: Originalbeitrag zu dem von R. Kreckel herausgegebenen Sonderband »Soziale Ungleichheiten« der soziologischen Zeitschrift »Soziale Welt«, Göttingen 1983 (Übersetzung: Reinhard Kreckel).

Die verborgenen Mechanismen der Macht enthüllen: Interview mit D. Eribon in »Libération« vom 19.10.1982 über »Was heißt sprechen? Die Ökonomie des sprachlichen Tausches«, Wien 1990 (Übersetzung: Jürgen Bolder).

Die Könige sind nackt: Interview mit D. Eribon über »Homo academicus«, Paris 1984 (deutsch Frankfurt a.M. 1988) in: »Le Nouvel Observateur«, 2.11.1984 (Übersetzung: Jürgen Bolder).

Therapie für traumatisierte Akademiker: Artikel in dem Sammelband über »Das Bildungswesen der Zukunft«, Stuttgart 1987 (Übersetzung: Bernd Schwibs).

Vorschläge des Collège de France für das Bildungswesen der Zukunft: Von Gottfried Pfeffer zusammengefasste und übersetzte Kurzfassung der Vorschläge zur Reform des Bildungswesens für das Sonderheft der pädagogischen Zeitschrift »Neue Sammlung« 3/1985, das sich mit der Bedeutung von Bourdieus Theorie für die Pädagogik befasste.

Brief an die Oberschüler von Mureaux: Brief, den Bourdieu am 15.11.1990 während der großen Schülerproteste an die Schüler eines Gymnasiums einer Kleinstadt bei Paris geschrieben hat. (Übersetzung: Jürgen Bolder).

Was anfangen mit der Soziologie?: Interview mit Jacques Bass, dem Chefredakteur von »Cfdt-Aujourd'hui«, einer Zeitschrift der CFDT, als deren Berater Bourdieu gelegentlich arbeitete, in: »Cfdt-Aujourd'hui«, 100/1991, Paris. (Übersetzung: Jürgen Bolder).

Keine wirkliche Demokratie ohne wahre kritische Gegenmacht: Interview mit Roger-Pol Droit und Thomas Ferenczi in: »Le Monde«, 14.1.1992 (Übersetzung: Jürgen Bolder).

Im Osten erwacht die Geschichte: Erschienen in »Liber«, Deutsche Ausgabe, Nr. 2, Dezember 1989 (Übersetzung: Max Grosse).

Die gesunde Wut eines Soziologen: Interview mit Louis Roméro, in: »Politis«, 19.3.1992 (Übersetzung: Jürgen Bolder)